クローバ経営研究所　**松村寧雄** Matsumura Yasuo

「**9マス発想**」で計画する
マンダラ手帳術

マンダラ思考で夢は必ずかなう!

フォレスト出版

プロローグ　目標を達成できない本当の理由

目標を持つことに意味はない

目標に意味がないってそんなバカな、と思った人は、今確かにこの本を手に取っているあなたです。

と同時に、毎回毎回新たな目標を立てても実現したためしがない、目標達成までの道のりが遠すぎて近づいているかすらもわからない、という人も多いのではないでしょうか。

目標を持つことは大切です。しかし、その目標も「絵に描いた餅」で終わってしまう人が多いのも事実です。紙に目標を書く。目標達成までの期日を決める。短期・中期目標を立てる。どれも素晴らしいことです。

しかし、これらを**すべて実践しても成功できない理由**があります。

なぜならば、あなたの思考法が変わっていないからです。

つまり、こういうこと。目標を決めてその１点に向かうこと、実はここに**大きな間違いがある**のです。

こうした考え方は、たとえばビジネスの目標を「キャリアアップのために２年間でＴＯＥＩＣ７００点を取る」と立てたとしても、もしそれが達成できなければ、ビジネスそのものもうまくいかなくなるという思考に陥ってしまいます。

また、「家族を大切にする」という目標を中心にすると、「仕事よりも家族を優先する」という思考に陥り、それがダメになると「やっぱり仕事がうまくいかないと家族は幸せにできない」と仕事に邁進《まいしん》し始めます。

結果はおわかりでしょう。結局、これがうまくいかなければ自分は幸せになれない、幸せを感じないということになってしまうのです。

冒頭に述べた「目標を持つことに意味はない」ということの本当の理由は、１点に向かう思考で目標を立てるとうまくいかないということなのです。

では、目標が達成できて、しかもあなた自身幸せを感じながら人生を送るにはどうしたらよいでしょうか？

それは、**バランス良く目標を考える**ということです。

つまり、人生に関わる要素すべてに目標を立て、少しずつでもいいからその目標を実践していくことなのです。

私はこれを**「9マス発想」＝「マンダラ思考」**と呼んでいます。

マンダラ思考とは、「中心核を持つ３×３の９マス」からなるマトリックスです（私のイニシャルをとってＭＹ法マンダラチャートといっています）。実は、このマトリックスには長い歴史と深い意味があります。１２００年以上も前にブッダの弟子たちによって開発された思考法なのです（これはあとで詳述します）。

この９マスは、使ってみて初めてわかる想像を超える効果があります。ここでは簡単に説明しますが、９マスの中心にあなたを置いて、その周りにある8マスに人生に関わる要素を置き、それぞれの目標を立てるのです。

マンダラ思考で目標を立てると、バランス良く実践していくことができます。何より「仕事がうまくいかないと家族は幸せになれない」という考え方がなくなり、「仕事も家族もうまくいく」という思考に変わるのです。

「そんなバカな。単なる中心核を持つ３×３の９マスにそんな効果があるなんて考えられない」と思っているかもしれません。しかし、マンダラ思考は世界でも紹介されている考え方なのです。

アメリカ人のマイケル・マハルコ氏は、『すばらしい思考法』（ＰＨＰ研究所刊）という本の中でマインド・マップと並び「ＭＹ法マンダラチャート」を紹介しています。

ちなみにマインド・マップとは、イギリス人のトニー・ブザン氏が開発した思考法で、中心にテーマを置き、そこから関連するものを放射線状に書き出していくノート術です（『記憶力・発想力が驚くほど高まるマインド・マップノート術』〈ウィリアム・リード著、小社刊〉参照）。

『すばらしい思考法』の中で、マハルコ氏は次のような悩みを持つ人の解決策としてマンダラ思考を紹介しています。

①混乱した頭の中を整理できない
②対象に集中できない
③脳全体を働かせることができない
④課題の構造を細部まではっきりさせられない

⑤離れた個々の情報を結びつけられない
⑥細部と全体像の両方がはっきりしない
⑦課題について何がわかっているかが目に見えてこない
⑧集めた情報を短期記憶から長期記憶に移すことができない

こうしたことが、すべてマンダラ思考によって解消されていきます。つまり、マンダラ思考で目標を立てれば、マスの中心に置いたあなたの姿が明確に目に見えるようになり、周りの8つの目標が整理でき、かつ結びつきが明確になるのです。

目標は実践してこそ価値がある

目標がバランスよく立てられました。あなたの人生にとって価値のある目標ばかりです。

さあ、そこでです。あなたは目標に向かってバランス良く達成に近づいているかということです。つまり、日々目標に向かって実践し続けているのかが重要になってきます。

この充実感が人生とビジネスを豊かにするのです。

では、あなたが立てた目標に対して、それを実践していくためには何が必要でしょうか？

強い意志？　もちろん必要です。強い意志が持てるのなら、1点集中の目標を立てても必ず達成できるでしょう（達成後、充実感があるかどうかはわかりませんが）。

そこで、普通の人でも目標に向かって日々実践できるツールが必要です。自己管理ができて、日々の行動がチェックできるもの。そうです。それがビジネスパーソンなら最低1冊は持っている、あの「手帳」なのです。

さて、**あなたにとって、手帳の役割とは何でしょうか？**

スケジュール管理？　時間管理？　備忘録？

手帳をそのような位置づけで考えているなら、あなたは日々を多忙に送っていながら、成果が上がらない、時間に追われるだけで達成感や充実感を得られないと感じているかもしれません。

手帳との付き合いに疲れて、途中で投げ出してしまったということがあるかもしれません。また、手帳を替えれば状況が変わるかもしれないと次々と手帳を替えてきたのかもしれません。

しかし、9マスのマンダラ思考を最大限に生かしたツール「マンダラビジネス手帳」は、仕事だけではなく、人生に欠かせない要素をバランスの良い目標で立てることができ、同時に実践し続けられる魔法のツールなのです。

本書は単なる手帳の書き方の本ではありません。この魔法のツールは、考え方さえわかれば手帳そのものがなくても効果があります。

ちょっとパラパラとページをめくってみてください。書くことが多そうで、何だか面倒くさそうな感じがします。

「今の世の中、このデジタル時代になんともアナログだな」

そう感じるかもしれません。しかし、マインド・マップ思考法が認知されてきているように、マンダラ思考も多忙な職種であるＩＴ関連の人やクリエイティブたちに注目され始めています。

おそらく、どんなコンピュータも人間の脳にはかなわないことをよく知っているからでしょう。９マスで思考することは、実は人間の脳に最もインプットしやすい構造でもあるのです。さらに、そこに自分の手で書き込んでいくわけですから、目標に向かって自然と実践を促してしまうというわけです。

マンダラ思考は**「人生とビジネスを豊かにする原則を実現できるシステム」**と、**「その原則を生かすための最強のマトリックス＝中心核を持つ９マス」**が組み込まれた成功原則なのです。

人生とビジネスを豊かにする原則

原則ですから、決して単なる手帳の使い方、テクニックではありません。

最近、成功者の手帳術・手帳をよく見かけます。しかし、生まれも育ちも環境も、加えて才能も異なる人の手帳術をマネて、同じ成果を得られるでしょうか？　ノーと言わざるを得ません。

「人生とビジネスを豊かにする原則」とは、あなたの人生やビジネスを考えるときに基本となる考え方のことです。言い換えれば、指針・判断基準です。原則がなければ、あなたの人生やビジネスは、羅針盤を持たない航海のように常に現象に追われ、現象に迷い、ビクビクした余裕のないものになってしまいます。
マンダラ思考とは、原則を必然的に使うようにプログラミングされた、誰もが使いこなせる考え方なのです。その結果、原則はあなたというフィルターを通して、ほかの誰でもないあなたなりの自己管理術を生み出し、ほかの誰のものでもないあなた自信の人生を導きます。

あなた自身があなたの人生とビジネスをデザインし、
あなた自身がデザインした人生とビジネスへの行動を取り、
あなた自身がチェック・自己管理し、
さらに豊かなあなたの人生とビジネスを創造する。

マンダラ思考で計画することはまさに、あなたをデザイナーとする「デザイナーズハウスの設計図と工程表」なのです。
設計図と工程表には全部で8つのツールがあります。

まず設計図に当たる「人生目標」と「ビジネス計画」です（第１、２章）。次に工程表に当たる「年間先行計画」と「月間企画計画」（第３、４章。なお「月間企画計画」は２００７年度より、この名称に統一）。

最後は、実際に行動する部分に当たる「週間行動計画」と「日間実践計画」です（第５、６章）。

この新しい自己管理術を手に入れたら、あなたは次のように変わるでしょう。

・あなたをワクワクさせます
・あなたにバランスの取れた思考と行動を可能にします
・あなたを追い詰めることなく余裕を持って予定をこなすことを可能にするので、挫《ざ》折《せつ》しないで済みます
・あなたに幸運を引き寄せ、素晴らしいひらめきを生み出します
・あなたが自分自身をチェックし、より良い方法を見つける習慣をつけるので、あなた自身を成長させます
・あなたの人生とビジネスをスパイラル状に豊かにします

先ほど、豊かな人生とビジネスを手に入れるためには「原則＝考え方」が必要だと述べました。確かに書店に行けば、「幸せになるための考え方」や「成功するための方法」を述べた本は数え切れないほどあります。しかし、知識として持つことはできても、「考え方」「方法」を日々の行動に生かして継続しなければ、「幸せ」や「成功」を手に入れることは難しいのです。

そのためのツール、「原則＝考え方」をあなたの日々に確実につなぎとめ、行動に結びつける考え方、それが「マンダラ思考」なのです。

このマンダラ思考を応用したマンダラビジネス手帳もまた、単なるスケジュール管理・備忘のためのツールではなく、あなたにとって最強のパートナー、最強のナビゲーターになるはずです。

豊かな人生とビジネスのために、新しい一歩を踏み出してみてください。

目次

プロローグ　目標を達成できない本当の理由

第1章　マンダラ思考で「人生」と「ビジネス」の目標を立てる

第2章 マンダラ思考はあなたとの関わりから成り立っている

第3章 自己管理は時間管理ではなく「行動管理」

第6章 この世とあなたの心を具体化したマンダラ思考

第7章 マンダラ思考が〝ひらめき〟と〝アイデア〟を生み出す

イラスト　川野　郁代
DTP　システムタンク

第1章

マンダラ思考で「人生」と「ビジネス」の目標を立てる

「自己管理術」で人生・ビジネスを豊かにする

自己を管理する。

簡単なようでこれほど難しいものはありません。

「欲求5段階説」で有名なアメリカのアブラハム・マズロー博士は自己の願望実現を5つのランクに位置づけています。

人として、第1欲求の最低の願望は「生存欲求」であり、第2欲求は「安全欲求」、第3欲求は「帰属欲求」、第4欲求は「認知欲求」、そして、第5欲求が「自己実現」という欲求です。

私たちは「自己実現」することが、人生・ビジネスを豊かにすることであることを無意識のうちに知っています。自分の夢を実現するのも、自分の願望を実現するのも、自分の目標を実現するのも、すべて「自己実現」のための手段です。

その「自己実現」のために欠かせない要素が「自己管理」です。なぜならば、自己管理ができなければ、おそらく目標に向かっている途中で挫折してしまうでしょうし、時間に追われたりしていっこうに目標に近づいている実感も得られないからです。

それゆえに、「自己管理術」を身につけることこそが、「自己実現」の第一歩というわけなのです。

それでは「自己管理」はどうすればできるのでしょうか？

人は他者、つまり自分以外の人の利点や欠点はすぐ気づくことができます。〝あの人はもう少し、あそこを直せば成功するのになあ〟とか〝こうすれば、あの人は良くなるのになあ〟と他者については冷静に観察・指摘できます。その人を成功に導く名アドバイザーになれるのです。

しかし、いざ自分のこととなると、これがなかなかできないのです。

というのも、次の８つの障害があなたの頭の中をよぎっているからにほかなりません。

1. 頭の中が混乱して、整理がつかない

2. 対象に集中できない

3. 脳全体を働かすことができない
4. 問題の構造を細部まで、認識することができない
5. 離れた個々の情報を結びつけることができない
6. 細部と全体の両方を統合して理解することができない
7. 何が問題かを理解し、それを行動に結びつける手段がわからない
8. 問題（課題）解決情報を短期から長期記憶に移すことができない

この8つの障害を解決してから進まない限り、あなたは「自己実現」のための目標設定も、実現のための行動もできなくなってしまいます。しかも、その行動が自己実現に近づいているかそうでないかも判断することができません。挙句の果ては、時ばかりがむなしく過ぎ、あなたは以前の自分と何も変わらない存在として取り残されてしまうのです。

では、これではいけないと感じた人は、次にどのような行動を取るでしょうか？それは「自己実現」なのに「他者の実現」を「自己実現」に応用するのです。

つまり、人生・ビジネスで成功している人物の行動をマネるのです。

確かにこれは効率が良いように思われます。しかし、マネには大きな落とし穴があります。それはあなたから見て、自分の実現したいことを達成している人の現象をマネしたからといって、その人のようにはならないということです。

成功している人物は1ヶ所にとどまっていることはありません。常に自己を中心として、「方向性とエネルギー」を持って運動展開をしていることを忘れてはならないのです。

成功している人物の行動をマネる人は、その人の進行形の姿を〝静的に切り取って〟マネをして、成功した人物と同じ成果を上げようとしているのです。

しかし、その成功の姿はマネをしようとするときはなくなっています。成功者はすでに次の行動に移っているからです。

ですから、成功している人物という「台風」を静的にとらえ、止まっているものをマネしようとするような無駄なものになるのです。それも、台風の中心の〝眼〟に自分を位置づけるのでなく、回転している渦をマネようとしているのですから、吹き飛ばされるのが関の山であるのは明らかです。

それでは、どうすれば人生・ビジネスで成功した人物に近づくことができるのでしょうか？

それは簡単なことです。成功している人物をマネしたりせず、自分で〝成功の渦〟を巻き起こせばいいのです。

成功の渦は、実はちょっとした思考から生み出すことができます。

それには「中心核を持つ３×３の９マス」の構造体である〝マンダラ〟を活用すればよいのです。あなたがこの構造体の中心核に位置し、周囲の四方八方にあなたが実現したい願望を列挙することから始めるのです。

たとえば、人生で成功したい場合、つまり豊かな人生を実現したい場合を考えてみましょう。

あなた自身を９マスの中心、つまり、マンダラ構造の中心核に設定します。次に人生を構成する「健康・仕事・経済・家庭・社会・人格・学習・遊び」の８分野を、あなたが中心核に位置するマンダラ構造の周囲の８マス上に配置します。そして、各分野の「夢・願望・目標」を記述するのです（次ページ参照）。

あなたを中心に夢を実現させる

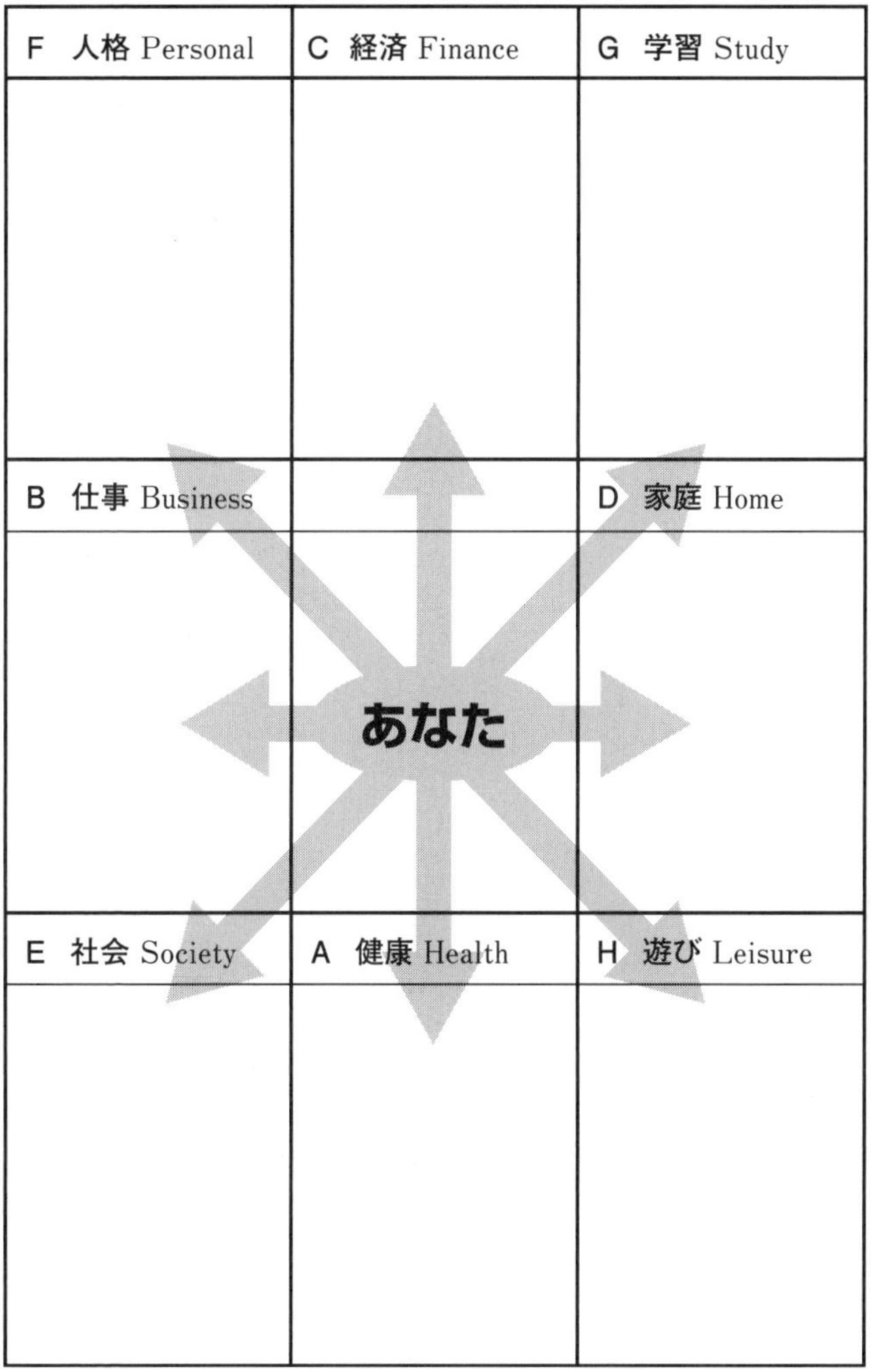

このようにあなたを中心に、あなたが実現したい人生8分野の設計図が〝あなたが自ら作り上げた形〟で出現するのです。しかも中心核にあなたが堂々と存在しているのです。

いよいよあなたが自ら設計した、人生を豊かにする「マンダラ号」が発進するのです。つまり、あなたを中心核とした8気筒の、人生を豊かにする「マンダラ号」が行動を開始するのです。しかもこの「マンダラ号」は、台風のように渦を巻きながら周囲を巻き込み転回運動を始めるのです。

この行動は素晴らしいエネルギーを持って、周囲の各分野、つまり「健康・仕事・経済・家庭・社会・人格・学習・遊び」の8分野が成長・発展する栄養を周囲の協力を得ながら取り込んでいきます。

たとえば、はじめに願望した「健康」の設計図も、いざ活動を開始し出すと、よりよい方向に変更することもできるようになります。

「仕事」も同じです。はじめに計画したことが渦巻き状の回転で展開していくことにより、より豊かな副産物を生んでいくことができます。たとえば、飲食業から出発したビジネスも、その延長線上に無農薬野菜を作る栽培業も成立するでしょうし、人を募集するために人材派遣業を立ち上げるかもしれません。

こうして、あなたが設計し、あなたが中心で操作する「回転付き8気筒マンダラ号」はあなたの周囲の人たちと仲良く協力関係を保ちながら、豊かに大きく発展していくのです。

つまり豊かな人生をあなた自身が作り上げていくのです。

しかもこの回転するエネルギーは素晴らしい企画力と実行力を発揮します。いかに活発に活動しても、あなたは振り落とされること、挫折したり失敗することはありません。

なぜなら、あなたがこのマンダラ号の中心にいながら操縦しているからです。

冒頭のテーマに戻りましょう。私たちは「自己実現」をしたいのです。そのためには成功者のマネをするのではなく、自ら主体性を持って「夢・願望・目標・目的」を立案し、実践していくのです。

そして、その実現のために、「中心核を持つ３×３の９マス」のマンダラ号を活用するのです。

本書はこの「マンダラ号」を活用して、あなたの豊かな人生・ビジネスを実現するための、〝空理空論〟ではない〝実践マニュアル書〟です。

これから、マンダラ思考の活用法と実践手法を解説していくことにしましょう。

あなたに関わりのある8つの分野のバランス

マンダラ思考で一番初めに立てる計画は「人生計画」です。もちろん、「中心核を持つ３×３の９マス（＝ＭＹ法マンダラチャート）」の中に書き込んでいきます。

初めに「人生計画」を立てるのは、「あなたが考える豊かな人生、幸せな人生」とは何か、どんな状態のときにそう思えるか、そのためには何を実現しなければならないかということが、すべての基礎だからです。

まさにあなたというデザイナーが設計して建てようとしている、デザイナーズハウスのオリジナル建築設計図です。

建築設計図が家全体を鳥瞰《ちょうかん》できるように、マンダラチャートの「人生計画」は８つの分野に分けたあなたの人生全体を見ることができます。

人生目標は、あなたと関わりのある８つの「Ａ健康・Ｂ仕事・Ｃ経済・Ｄ家庭・Ｅ社会・Ｆ人格・Ｇ学習・Ｈ遊び」から成り立っています。それぞれの項目について、あなたが実現したいこと、目標を書き込んでいくのです。

鳥瞰できるので、「全体と部分との関係性」そして「バランス」がひと目で理解できます。

マンダラ思考で立てた目標を見てみると、「ああ、最近は家庭についての目標ができていないな。学習の目標は順調に進んでいるな、というように自己を管理することができるようになるのです。

「全体と部分との関係性、そしてバランス」を把握できるということが、あなたの人生とビジネスを豊かにするうえでどんなに強力で不可欠な要素であるかはあとで述べます。

私の人生（役割）計画
Personal Planning Chart

F 人格 Personal	C 経済 Finance	G 学習 Study
B 仕事 Business	**今年の目的・役割 Personal Objective**	**D 家庭 Home**
E 社会 Society	**A 健康 Health**	**H 遊び Leisure**

私の年間重点計画 Significant Event
1月 Jan
2月 Feb
3月 Mar
4月 Apr
5月 May
6月 Jun
7月 Jul
8月 Aug
9月 Sep
10月 Oct
11月 Nov
12月 Dec

人生を8つの分野に分けて目標を立てる

あなたも実際に、1年間の人生計画を立ててみましょう。

目的は「人生・ビジネスを豊かにする」ことです。

「目的を明確にすることができた人は、人生を最後まで投げ出すことはない」といわれます。あくまで「あなたを中心」とした8分野に関わる計画です（記入例は37ページ参照）。

さあ、あなたの人生の設計図を描いてみようではありませんか。

人生をあなたと関わりのある8つの分野に分けました。あなたは各分野において、豊かだと思える状態、幸せだと思える状況を思い浮かべます。どうありたいか、どうなりたいか、そのために何をしなければならないか、何ができるかを考えてください。

また、現在、心がけて実行していることでもかまいません。

Aエリア【健康】

健康に問題を持っている人はその治癒《ちゆ》に関して、健康な人はその維持と向上のために何をするか、また現在しているかなどを考えます。

①体重3キロ減量、腹筋50回

②30分の散歩、週2回スポーツジム

というように箇条書きで記入していきましょう。頭に浮かんだ「夢・願望・目標」をすぐ書き出すことです。もっと良いものが出てくるのではとやりすごしてしまうと、頭の中には願望も目標も浮かばなくなります。〝直感〟を大切にしましょう。

Bエリア【仕事（ビジネス）】

1年間の計画を立てましょう。同じように「①……、②……、③……」と仕事の「夢・願望・目標」を記入していきましょう。このエリアのみ「ビジネス計画」として再び詳細に計画を立てますので、大きな願望を記入してもかまいません。家庭にいる人は、家事を考えてもよいでしょう。

Cエリア【経済】

経済は個人的なお金に関する「夢・願望・目標」です。投資・資産取得・貯金・ローン返済など1年間で達成したいことを中心に記入していきます。もちろん長期的な計画でもかまいません。具体的に記入したほうが、あとでチェックする際もわかりやすくなります。

①毎月2万円ずつ貯金
②ローンをあと10年で返済
③今年度中に新車を買う

Dエリア【家庭】

どんな家庭にしたいか、そのために何ができるかを記入します。何ができるか具体的に思いつかなければ、まずあなたにとって、一番大切な人の名前を「①○○○」と記入します。そして、その人に1年間に何をしてあげられるかを考えて記入します。2番目、3番目も同じように記入します。何をしてあげられるかを考えることです。
①離れている両親に（妻または夫の両親）に月一度は連絡する

②8月に家族旅行をする
③妻（夫）と月1回は食事に行く
周囲に対する思いやりの気持ちから起こる主体的な行動が、あなたの環境を豊かにし、「夢・願望・目標」実現の支援してくれます。

Eエリア【社会】

ここは仲間作り、サークル作り、人脈作りなど、この1年間でどのような人間関係を作るか、社会とどのように関わるかを計画するエリアです。新たに人脈を作らなくても、今の人間関係を大切にすることも大切な計画です。
①自治会の役員を引き受ける
②会社のイベントの役員をする
③同級会の幹事をする

Fエリア【人格】

人格は世界共通のパスポートといわれます。人格とは人に信用されることです。良い人間関係は人生を豊かに生きていくうえで大きな要因です。そのためには自分の人格を研《みが》かなければなりません。「いい人になろう、好かれる人になろう」という漠然とした思いだけではなかなか行動に結びつきません。

人格向上のために計画を立て、実践しましょう。すぐに思いつかない人は、あなたが尊敬し、信頼を置いている人を思い浮かべ、その人の言動を参考にするのもよいでしょう。人が人を判断する場合の基準は行動です。

①時間を守る
②約束を守る
③明るく挨拶をする
④笑顔で接する

簡単なことでかまいません。行動の繰り返しこそが人格向上に役立ちます。

Gエリア【学習】

今は生涯学習の時代です。仕事でも趣味でも、興味のあることに時間とお金を費やすことです。興味のあることにより深い関心を持ち、探求している間は若いといわれます。

①３年後にＭＢＡ取得

②週１回英会話スクールに通う

仕事のキャリアアップにつながる学習もここに記入していきます。

Ｈエリア【遊び】

日本も先進国で週休２日制や年間休日１１０日など、仕事をする時間が短くなってきています。余暇の活用はあなたの豊かさを増すことにつながります。しっかりと考えましょう。

同じように箇条書きでかまいません。スポーツでも、趣味でも、読書でも、静かに過ごすでも、何でも結構です。自分で計画を立てることが大切です。ストレスをなくしリラックスすることも、人生・ビジネスを豊かにする大切な要素です。

①週１冊の読書

②毎日30分瞑想《めいそう》

③３ヶ月に１回はゴルフコースに出る

私の人生(役割)計画
Personal Planning Chart

F 人格 Personal	C 経済 Finance	G 学習 Study
・正直 ・会社には早く出勤 ・整理・整頓 常に明るく元気に!	・毎月3万円貯金 ・カードを増やさない ・車購入資金100万円	・毎月5冊はビジネス書を読む ・通勤中に英語のリスニング（TOEIC700点）
B 仕事 Business	**今年の目的・役割 Personal Obiective**	**D 家庭 Home**
・新しい企画を2つ実行! ・売上1億達成 ・新規客を信増	・仕事はチャレンジの年! ・健康生活 ・家族とのコミュニケーション ・新しいことを学ぶ ・誠実・正直 ・友人を大切にする	・家族でハワイ旅行! ・子供と遊ぶ（一緒に泳ぐ 泳ぎ方を教える） ・月1回両親の実家へ行く（孫の顔を見せるため） ・妻の誕生日にホテルで過ごす
E 社会 Society	**A 健康 Health**	**H 遊び Leisure**
・月1回くらいは友人と会う（連絡する） ・町内会のイベントに参加（とくに子どもの行事に！）	・週3回スポーツジムに通う（ウォーキング40分 スイミング30分等） ・酒を控える	・ゴルフで100切る！ ・夏休み計画（今年は海!）

私の年間重点計画 Significant Event
1月 Jan
2月 Feb ハワイ旅行
3月 Mar
4月 Apr 経営発表会（個人目標）
5月 May 新企画
6月 Jun
7月 Jul 売上報告会議
8月 Aug
9月 Sep 妻の誕生日
10月 Oct TOEIC試験
11月 Nov
12月 Dec 車資金100万円!

文章で記入する説明をしてきましたが、画像も効果があると思います。「健康エリア」に〝ひきしまった体のサッカー選手の写真〟（ウエストのくびれたアイドルの写真）。「仕事エリア」に〝自分が望むオフィスの写真〟。「経済エリア」に〝庭つきの新築の家の写真〟。「家庭エリア」に〝ハワイ・ワイキキビーチの写真〟。「遊びエリア」に〝フルスイングしたタイガー・ウッズの写真〟など……。

その場合は、もう1枚「人生計画」を作り、その画像に近づく具体的な行動を記入していくと、より効果があるかもしれません。楽しんでやってみてください。

最後に中心核が残りました。もちろん最初に記入してもよいのです。最終的に求めるのは「豊かな人生・幸せな人生」なのですが、AからHを記入して初めて、あなたが考える「豊かな人生・幸せな人生」がどういうものか浮かび上がってくる場合もあります。

座右の銘、好きな言葉、尊敬する人の写真など、あなたがそれを見るとワクワクしたり、癒されたり、励まされたりするものならば何でもかまいません。

どうぞ、この「人生計画」を何度も見直してください。そして、何度でも加筆、訂正してください。マンダラ思考が「脳」におよぼす影響、その効果を十分に活用してください。これがあなたの設計図なのです。

1年が終わったら、「人生計画」のチェックをしてみましょう。

同じ9マスのマンダラチャート（人生計画進捗《しんちょく》チャート）を使って、1年の初めに立てた「人生計画」がどのくらい達成できたか、振り返りながらそれぞれのエリアに記入すれば、次年度に生かすことができます。

人生においても重要度の高い「ビジネス計画」

ビジネス計画も人生計画の一部ですが、ビジネスパーソンにとって仕事は大きな部分です。

ビジネスも「人生計画」と同様、「全体と部分との関係性、そしてバランス」を把握しなければ実際の活動に結びつきません。「営業活動計画」や「経営計画書」が絵に描いた餅になってしまうことはあなたにも経験があるでしょう。

ビジネスも「人生計画」と同様、いろいろな要因が関わり合っていますから、切り離して考えることはできません。

マンダラ思考が大きな威力を発揮する部分です。

「人生計画」で立てたビジネス計画をここでより詳細な計画にして、もう1つ別のマンダラチャートに書き込むことで常に確認することができます。

これは常に「脳」への刷り込みを継続することになるので、目標達成に必要な新たなひらめきや発想を生んだり、周りの有益な情報を知らず知らずに引き寄せたり、必要な人材にめぐり会ったりします。

また、ビジネスには「独自性」が必要です。ほかと差別化できる「存在理由」を持つことです。

特許を持っているということではありません。もちろん、それも有利ですが、「全体と部分と関係性、そしてバランス」を把握して、マンダラチャートで「右脳」を活性化した発想とひらめきを組み込んだビジネス計画は、あなたの「独自性」を発揮します。これもビジネスを豊かにするシステムの1つです。

経営者、ビジネスパーソン、家庭人と立場によって項目が違ってきますが、9マスのチャートで「全体と部分との関係性、そしてバランス」を把握した計画を立てる方

私のビジネス計画
Business Planning Chart

F	C	G
B	今年のビジネス計画 Business Target Schedule	D
E	A	H

私の年間重点計画 Significant Event
1月 Jan
2月 Feb
3月 Mar
4月 Apr
5月 May
6月 Jun
7月 Jul
8月 Aug
9月 Sep
10月 Oct
11月 Nov
12月 Dec

法は「人生計画」と同じです。

「人生計画」と同様に、9マスのマンダラチャート（ビジネス計画進捗チャート）で、1年の計画がどのくらい達成できたかを振り返ることができます。

あなたのビジネスを「右脳」で計画する

さあ、ビジネス計画を立ててみましょう。

ビジネス活動は役職、立場によって異なりますが、今回は事業経営者のビジネス活動をモデルに考えてみましょう。

あなたは事業経営者ではないかもしれません。営業、経理、開発、製造、人事担当など立場もさまざまだと思いますが、事業経営者のビジネス活動はすべてのビジネスパーソンに関係するので役に立つと思います。参考にしてみてください。

事業経営者のビジネス活動は次の8つの部門から成り立っています。

- **第1部門「経営理念」**
- **第2部門「今期利益計画」**
- **第3部門「今期重点方針」**
- **第4部門「商品・顧客開発戦略」**
- **第5部門「組織方針・人員配置計画」**
- **第6部門「人財育成・人事評価制度」**
- **第7部門「経営管理と対策」**
- **第8部門「経営計画発表会」**

事業運営はこの8つの部門を基礎に業種、対象市場、顧客、企業の規模等の変化したものになります。

それでは、この8部門の戦略に「右脳」の特性機能を発揮できるマンダラチャートを使っていきましょう。

Aエリア【経営理念】

①……、②……というように箇条書で結構です。経営理念は事業を正しく発展させる指針、企業の存在理由、企業運営の判断基準を表すものです。社是・社訓なども記述するとよいでしょう。

Bエリア【今期利益計画】

利益計画は売上、粗利益、営業利益、経常利益の4つの利益がベースです。とくに「経常利益」が最重要です。この「経常利益」を出すために企業は経営活動をしているのです。ここに自分自身が必要と思われる指数・数字を入れます。参考として同一業界の基準値や自社の過去の数字を入れると具体的になります。

Cエリア【今期重点方針】

今期重点的に実現したいこと、必ずやりたいこと、明確な実行するべき計画を具体的に記述してください。優先度の高い順に会社の全社方針となるものを記入してください。

Dエリア【商品・顧客開発戦略】

「商品」と「顧客」が事業繁栄の要《かなめ》です。①商品対策、②重点地区、③客層、④営業対策、⑤顧客対策、⑥組織対応、⑦投資計画、⑧時間戦略などがこれに当たります。

Eエリア【組織方針・人員配置計画】

今まで作成したA～Eエリアを実際に動かすうえに必要な、会社の組織である部門を記載していきます。まず部門がいくつあるかを確認して部門に対するあるべき方向性・実際に実行してもらう指示を記載します。部門が少ない企業の場合は社員の名前を記載して作成するとよいでしょう。

Fエリア【人材育成・人事評価制度】

市場や顧客は常に変化しています。それゆえ人材育成を怠ることはできません。そして、適正な「人事評価制度」は企業に活力を与えます。採用に関する計画、新卒から幹部までの教育方針、福利厚生などについても記載していきます。

Gエリア【経営管理と対策】

事業経営は「仮説・検証」が大切です。今期事業目標は仮説です。毎月の事業運営により実績が出ます。目標と実績の差を認識することで、次の実行対策を立案することができます。したがって月次・週次経営会議が重要になります。これはどれだけのレベル別会議を実行しているかということです。毎月第1月曜日は全社経営会議、毎週火曜日は課の経営会議などと記入します。

Hエリア【経営計画発表会】

「Aエリア・経営理念」から「Gエリア・経営管理と対策」までを1冊の「経営計画書」にまとめ上げた「今期経営計画書」を全社員に浸透させ、今期目標を達成するために、「経営計画発表会」を開催します。経営者の意思が社員に伝わることにより全社員の意思統一ができ、達成行動へのモチベーションが高まります。この「経営計画発表会」を継続することが企業発展の最大の手法といえます。

以上、事業経営者の「ビジネス計画」を参考に、ビジネスパーソンにとって必要な要素を考えてみてください。

ビジネスパーソンのために「目標数値を持っている場合」「目標数値を持っていない場合」のビジネス計画の各エリアタイトルを掲載しておきましょう。

【目標数値を持ったビジネスパーソンのビジネス計画のエリアタイトル例】

Aエリア：今期目標数値
Bエリア：商品（製品）計画
Cエリア：営業地域対策計画
Dエリア：営業対策（新規・継続・紹介）
Eエリア：顧客対策（既存顧客維持・ファン作り）
Fエリア：自己スキルアップ計画
Gエリア：上司・部下との定期的報告会
Hエリア：自己啓発計画

【目標数値を持たないビジネスパーソンのビジネス計画のエリアタイトル例】

Aエリア：一番重要と思われる役割
Bエリア：率先してやるべき役割
Cエリア：依頼・突発的仕事に対する対応策
Dエリア：週単位のスケジュール管理
Eエリア：他部門と関係する役割
Fエリア：自己スキルアップ計画
Gエリア：上司・部下との定期的報告会
Hエリア：自己啓発計画

あくまで参考のタイトルです。自分の立場に即したタイトルを考え、ぜひあなた自身のビジネス計画を立ててください。現在行動していることでもよいのです。目標達成のためにあなたが何をすればいいのかが、明確に、具体的になることがおわかりになると思います。具体的になれば、行動につながり目標達成につながります。

家庭人の場合は、各エリアに家事などご自分の活動を記入してみます。

私のビジネス計画
Business Planning Chart

F　スキルアップ	C　顧客	G　会議
・TOEIC対策本のマスター ・仕事関係のビジネス書を読む（ヒント・アイデア） ・営業セミナーへの参加	・新規顧客増進（昨年10社→20社へ） ・既存顧客への定期的訪問 →2ヶ月前の受注を徹底!	・定例会議（上司との情報共有、報告） ・企画会議 →新企画立案 →既存企画の見直し ・売上報告会議 ・経営発表会 ・日報
B　企画	**今年のビジネス計画 Business Target Schedule**	**D　営業対策**
・新企画○○の完成 →既存客への売り込み ・新企画△△の完成 →新規客向けとして そして ・その他の企画発想	・新しい企画を2つ実行！ ・売上1億達成！ ・新規客を倍増	・他社の研究 ・新規客→業種の絞り込み ・訪問件数のスケジューリング（効率化）
E　顧客フォロー	**A　今期目標**	**H　自己啓発**
・見積りの迅速化（請求書の処理も） ・1ヶ月後のフォロー対策 ・新規客フォローシステムを作成	・売上1億 ・新規客売上4000万 ・既存客売上6000万	・自己啓発 ・異業種交流会への参加 ・スポーツでメンタルアップ

私の年間重点計画 Significant Event	
1月 Jan	
2月 Feb	新企画立案（会議）
3月 Mar	
4月 Apr	経営発表会
5月 May	新企画
6月 Jun	
7月 Jul	売上報告会議
8月 Aug	新規客フォローシステム
9月 Sep	
10月 Oct	TOEIC試験
11月 Nov	
12月 Dec	

掃除・炊事・洗濯・子供の送迎・ガーデニング……現在していることをタイトルに入れ、家族のためにそれぞれをもっと効率良くできる方法、レベルアップできる工夫などを記入してみましょう。

ほら、ワクワクしてきますよね。

目標を「グ・タ・イ・テ・キ・ニ」書くことで脳にインプット

表現は「グ・タ・イ・テ・キ・ニ」

「実際に紙に書くと、考えはまとまる」というように、夢・目標を実現するためには明確なメッセージを「脳」に送り続けなければなりません。そのためには何度も書いて繰り返し見ることです。

その効果を最大限に引き出すための、書き方・表現方法があります。「グ・タ・イ・テ・キ・ニ」を念頭に置いて書くと、目標がより明確になります。

「グ」……具体的に書くこと

表現が抽象的だと行動は鈍ります。具体的に記述することです。〈書かれたものは真実性〉を帯びます。人生計画でもビジネス計画でもスケジュール管理でも、実現したいことを具体的に記入します。

「タ」……達成可能なことを書くこと

目標は高ければよいというものではなく、達成可能な目標でなければなりません。しかも、その目標を達成すると自己の成長につながるものでなければなりません。そうでないと、あなたは創意工夫することを忘れ、達成感も得られません。脳の成長に結びつくことがなく、あなたをマンネリ化の泥沼に引きずり込みます。

「イ」……意欲が持てること

ワクワクし、意欲が持てる目標でなければ行動に結びつかず、達成はおぼつかないものになってしまいます。意欲は自主性から生まれます。受身で目標を受け入れてはいけません。目標は他人から命令され、義務で立てるものではありません。

「テ」……「定量化」と「定性化」で表現すること

目標で「定量化」、つまり数値化できないものはありません。〝頑張ります！〟では目標にはなりません。「今月の売上目標は１０００万円」というように、計数的な表現で書くのが定量的目標です。

しかし「定性化」も大切です。「定性化」とは文章によって実現したいことを表現することです。計数的な目標を実現するその背後にあって、目標実現を支えているもの、つまり「目的」に当たるものは定性的に表現することです。

「目的」と「目標」はよく混同されます。「目的」は人生を通しての夢や使命です。それを達成するための手段が「目標」です。

「キ」……期日を決める

目標は「いつまでに達成」と〝達成期日〟を決めることが大切です。期日内に目標を達成することを〝クセ〟、つまり習慣にすることです。それがあなたの成長に結びつき、「自己実現」の原動力になります。

「二」……日課にする

目標を実現するために、意識を四六時中つなぎとめておく必要があります。思い出したときに行動したり、他人に言われて行動しているようでは、実現は不可能です。

脳には「海馬」という記憶を一時保管する場所があります。一時保管場所ですからすぐ忘れてしまいます。「短期記憶から長期記憶」へ、目標実現思考を継続させ習慣化することが、あなたの豊かな「人生・ビジネス」を約束します。

第2章

マンダラ思考はあなたとの関わりから成り立っている

3人の若者の物語

A君、B君、C君という3人の若者がいました。同じ学校を卒業して、ある会社に入社しました。3人とも、将来を嘱望《しょくぼう》される、気力・体力・能力に恵まれた、前途洋々、意気盛んな若者です。

3人は営業部門に配属されました。数ヶ月の研修を受けたあと、それぞれのエリアに配属されることになり、杯を交わしながら仕事に対する姿勢を話し合いました。

A君は「とりあえず上司の指示命令は確実にこなすつもりなんだ。1日10件の飛び込み訪問とか、1ヶ月に最低2回のユーザー訪問とか、言われたことは必ずやる。それには自信がある。社員として当然やらなければいけないことだよな」と。

B君は「うん、確かにそうだね。でも僕は、与えられた目標を達成することが絶対だと思うから、上司が10件の飛び込み訪問、月2回のユーザー訪問と指示しても、必ずしもそのとおりでなくてもいいと思う。その代わり、目標を達成できなければ、飛び込み訪問を1日20件以上するだろうし、1ヶ月に2回でも3回でもユーザー訪問する。それに目標達成のために利用できるものは何でも利用するよ。そのためには手段は選ばない。そうでないと成績は上げられないもんな」と。

最後にC君が口を開きました。「僕ももちろん、目標達成のために全力を尽くすつもりだ。でも、僕はそれに加えてこの数ヶ月の研修で考えたことがあるんだ。勉強と違って、絶対の正解はないんだな。自分の目的ばかり考えていても、相手は思うようにはいかないなと。だから目標達成のためにも、お客さんや周囲の人たちとの関わりを大事にしていきたいと思っているんだ」と。

前述のとおり、3人とも、気力・体力・能力に恵まれた、将来を嘱望される、前途洋々、意気盛んな若者です。

さて、あなたはA君、B君、C君どのタイプですか？

そして、この3人の若者の1年後はどんな結果だと思いますか？

実は、この3人の考え方に「人生とビジネスを豊かにする原則」の大きなヒントがあるのです。

3人の若者の1年後を見てみましょう。

A君は宣言どおり、上司の指示・命令をとにかく忠実にこなしました。日報も誰にもひけをとらない几帳面《きちょうめん》なものです。成果はどうでしょう。もちろん、真面目な態度が功を奏することも少なくありません。しかしいつも上々とはいきません。

1年を経過して結果として成績はあまりいいとは言えず、上司の評価もA君の満足のいくものではありません。

A君は考えます。「どうしてなんだ。とにかく、言われたことはきっちりやっている！」と。

B君は宣言どおり「目標を達成する」という目的に向かって邁進しました。思うような結果が出ないときにも自分なりに対策を立て、とにかく自分の目標達成をあらゆるものに優先させてエンジンをフル回転させて頑張りました。成績は常にトップをキープしていました。上司も評価していました。

しかし、1年を経過した頃、B君は周囲の人との関係がギクシャクしてきました。

顧客との間でもトラブルが増え、上司はB君の社内関係や顧客のクレームを憂慮するようになってきました。それと同時に、成績も以前のようには伸びなくなりました。B君も仕事の厳しさと自分を取り巻く環境の厳しさに心身共に疲れてきました。

B君は考えます。「なぜなんだ。こんなに頑張っているのに。トラブルだって全部向こうが悪いんじゃないか。僕のせいじゃない！」と。

C君は宣言どおり、人との関わりを大事にしてきました。「お客さんはそれぞれに、皆違う。こちらの姿勢でも変わる。関わることでお互いにとって何が一番いいかを教えてくれる」と、常にお互いの関係性を重視し信頼を築いてきました。それには時間が必要だったので、最初、それほど目立って成績がいいわけではありませんでした。

しかし、目標達成を最優先に考えつつも、「お客さんのために自分ができることは何か」を常に念頭に置いて行動してきたので、信頼を得ることができ、成績は安定し、徐々に伸びています。社内でもいい人間関係を築くことができ、周りの協力を得られるようになりました。上司からも深い信頼と高い評価を得て内外共にいい環境のもとでますます仕事に励んでいます。

C君は考えます。「いいお客さん、社内でもいい人に恵まれて僕はラッキーだ！」と。

気力・体力・能力共に同じように恵まれ、1年間、同じように頑張った3人の若者の今の状態の違いは何が原因なのでしょうか？

そこには「人生とビジネスを豊かにする原則」が存在したのです。

「相互依存」の人が成功者となる

A君が「どうしてなんだ！」といわなければならない今の環境になったのは、なぜでしょうか？

それは行動の原則（＝基本の考え方）が**【他者依存】**だったからです。

他者、つまり〝周囲の人や第三者に依存した〟思考と行動をしているということです。A君の場合は上司の指示・命令です。これがすべてだととらえて行動すると、何のための行動かという目的意識を見失います。指示・命令どおりの行動そのものが目的になってしまいます。

その結果、責任感・分析力・認識力がなくなります。社会は行動することによって「目標達成のためのさまざまな貴重なヒント・情報」を常に与え続けてくれています。

しかし、A君のように上司の指示・命令を実行することを目的と考えてしまうと、それに終始してしまい、真の目的に到達するための貴重なヒントや情報を自分のものにできず、成長することができません。

「指示・命令を忠実に実行しました。しかし、目標は達成できませんでした」と平然と報告し、第三者的な客観的・評論家的な分析しかできず、なおかつ「ではどうすれば？」と再び上司に聞くことになってしまいます。

目標達成のための行動に結びつく、生きた分析と対策が自分でできないビジネスパーソンが「とにかく、言われたことはきっちりやっている！」としても豊かな環境を得るのは不可能なのです。

B君が「なぜなんだ」といわなければならない今の環境になったのは、どうしてでしょうか？

それは行動の原則が**【自己依存】**だったからです。

「A君のように他者に影響されてはいけないのなら、自己を頼りにすればいいではないか」と思うでしょう。

確かにそうです。A君より豊かな環境に近づきはします。目的に向かって自らがエンジンを持ち、主体的に自らの意思と行動で動くからです。その結果、行動することで社会が提示してくれる「目標達成のためのさまざまな貴重なヒント・情報」をきちんと把握し善後策を取ることができます。

しかし、この「自己依存」の考え方には落とし穴があります。

目標達成を最大の目的と考えるため、他者、つまりお客や周りの人たちの利益より自己の利益を優先しがちになることです。他者を「目標達成の手段」ととらえてしまうのです。お客にとっての利益や相手の気持ちを考える余裕がなくなってしまいますが、自分の中では目標達成のために必要な行動だと思い込んでいるので、いかなる場合も正当化します。お客や社内の人間とトラブルがあっても、「私は間違っていない」と言い張ります。

その結果、お客と永く良い関係を続けることはできず、社内にも協力者・理解者が少なくなります。

そして「こんなに頑張っているのに」と思っていても、環境はますます厳しいものになってしまいます。


C君が「僕はラッキーだ！」といえる今の環境を得られたのはどうしてでしょうか？

それは行動の原則が**【相互依存】**だったからです。

結論を言いましょう！

「人生とビジネスを豊かにする原則」はこの【相互依存】なのです。

つまり、「現実（今の環境）は相手（他者）がいて、私（自己）がいて、その関係（関わり）で出現している」ということです。他者だけでも、自己だけでなく、その関わりで成り立っているということなのです。

同じ相手なのに、あなたの関わり方でまったく違う反応が返ってくるという経験をあなたもお持ちでしょう。ビジネスの取引相手でも、家族でも恋人であっても……。

「関わり」は「自らの行動」が基盤になります。自分の関わり方（＝行動）で相手も変わる、すべての環境が変わるとしたらどうでしょうか？　やっかいですか？

いいえ、あなたの行動で相手が変えられるなら、さらにあなたの環境が変えられるなら、「結果を導く主導権」をあなたが取ることができるのではないですか。「今の環境の原因は自分にある」と気づけば手が打てるではないですか。

「あの取引先がこうしてくれれば……」「家族がもっとこうであれば……」「恋人がもっとこう考えてくれれば……」というように、相手の出方を待っていては、いつになったら実現できるかわかりません。

ですから、目標達成のために自分の行動が影響し得ないことに心を砕いている暇はないのです。

一時も早く、あなたの人生とビジネスを豊かにするための行動を起こし、しかもそれを継続しなければなりません。そう考えれば、あなたの行動がどういうものでなければならないかおわかりでしょう。

相手の影響を受けるだけ（＝他者依存）の関係でも、相手を利用するだけ（＝自己依存）の関係でもなく、あなたも相手も良い影響を与え合い、共に成功できる（＝相互依存）関係を築く行動をするのです。相手のためにということを常に考えることです。

残念ながら具体的な「絶対の正解」や、「絶対のマニュアル」はないのです。なぜ

〔相互依存〕か〔他者依存〕か？

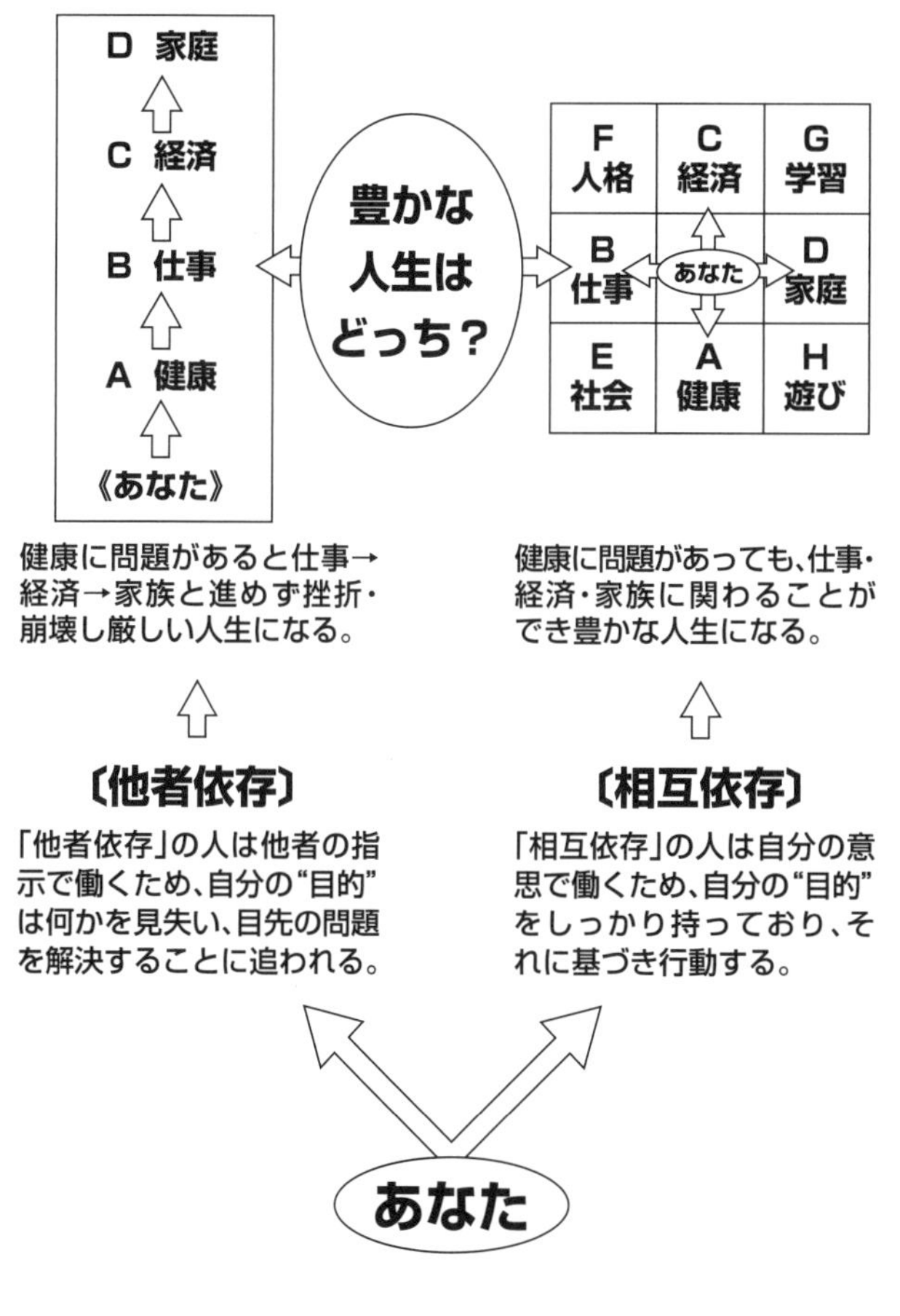
D 家庭
C 経済
B 仕事
A 健康
《あなた》
豊かな人生はどっち？
F 人格
C 経済
G 学習
B 仕事
あなた
D 家庭
E 社会
A 健康
H 遊び
健康に問題があると仕事→経済→家族と進めず挫折・崩壊し厳しい人生になる。
健康に問題があっても、仕事・経済・家族に関わることができ豊かな人生になる。
〔他者依存〕
「他者依存」の人は他者の指示で働くため、自分の“目的”は何かを見失い、目先の問題を解決することに追われる。
〔相互依存〕
「相互依存」の人は自分の意思で働くため、自分の“目的”をしっかり持っており、それに基づき行動する。
あなた

なら、あなたの環境はすべて相手との「関わり」から生まれるもので、固定した存在ではないからです。

「現実（今の環境）は相手（他者）がいて、私（自己）がいて、その関係（関わり）で出現している」という**【相互依存の原則】**に基づいて、「共に成功するという考え方・相手のためを思う考え方」で「関わること」が人生とビジネスを豊かにするのです。

「人生計画」「ビジネス計画」も、この**【相互依存】**の原則と「共に成功するという考え方、相手のためを思う考え方」で目標を立て、行動計画に落とし込んで継続して実践することです。

欧米型の「目標達成手法」では通用しない

自己管理の方法を「欧米型の自己管理」「日本型の自己管理」と明確に分けることは不可能でしょう。

しかし、欧米人の思考・行動体系と、日本人の思考・行動体系とは多少異なるものがあるのも事実です。これはどうも狩猟民族と農耕民族、そしてまた一神教と多神教の相違が複合的に関係しているように思います。

狩猟民族は生活を持続するために、不特定な獲物を追って生計を立てなければなりません。獲物を獲るために１つの目標を達成する集中力が求められます。

一方、農耕民族は生活を維持するために、季節に合わせ、多様な作物を栽培し、天候を考慮に入れた複雑な目標設定を立てる必要に迫られます。そうなると目標を達成する行動はいっそう複雑なものになるのは明らかです。

さて、欧米型の「自己管理」を「１週間の目標設定と行動」で具体的に解説してみましょう。

①月曜日の欄には月曜日の目標、その下に月曜日の目標達成の行動
②火曜日の欄には火曜日の目標、その下に火曜日の目標達成の行動
③水曜日の欄には水曜日の目標、その下に水曜日の目標達成の行動
④木曜日の欄には木曜日の目標、その下に木曜日の目標達成の行動
⑤金曜日の欄には金曜日の目標、その下に金曜日の目標達成の行動

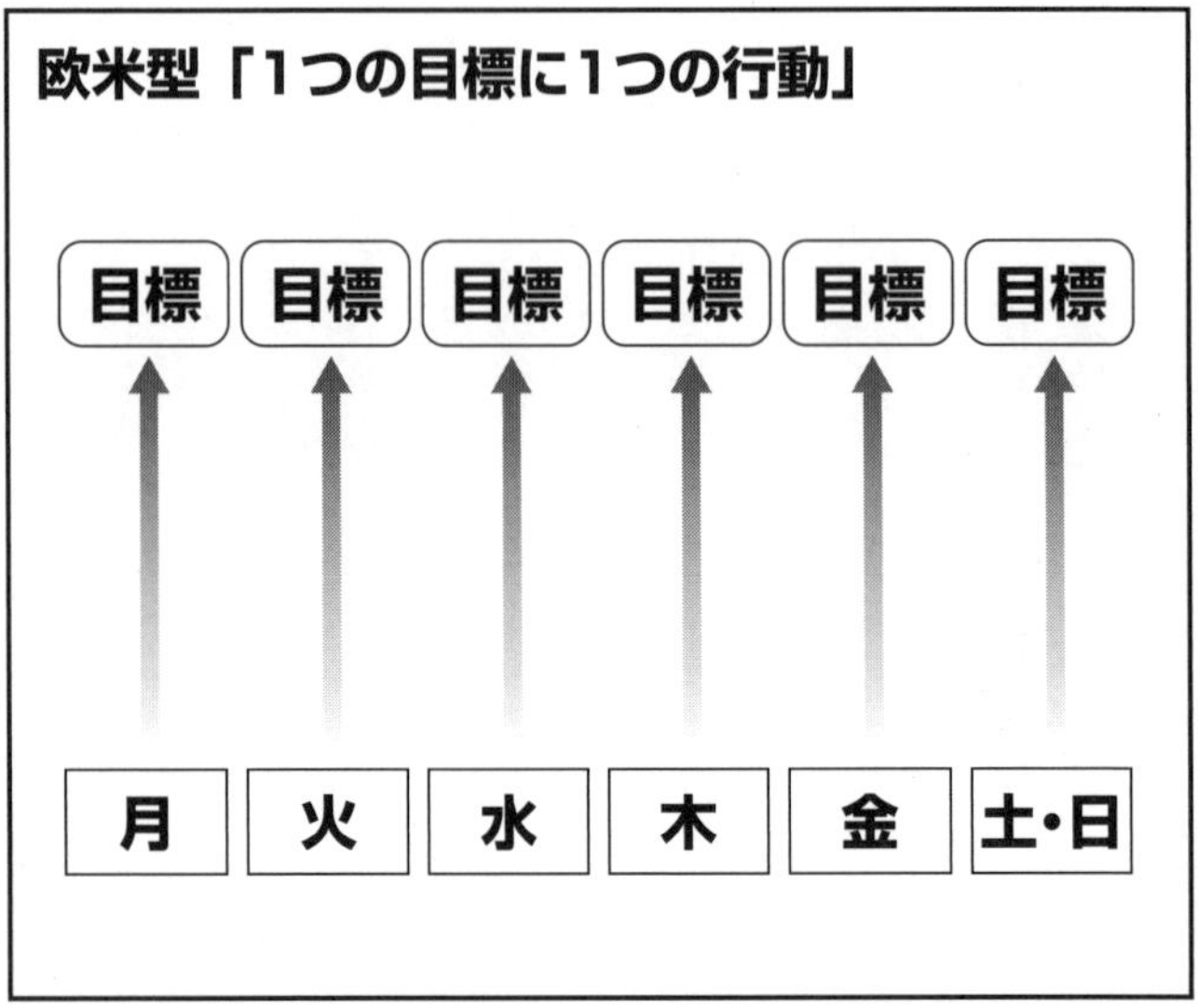

欧米型「1つの目標に1つの行動」

⑥土曜日の欄には土曜日の目標、その下に土曜日の目標達成の行動

⑦日曜日の欄には日曜日の目標、その下に日曜日の目標達成の行動

上の図を見ればわかるとおり、欧米流の自己管理法は1日1日の目標を設定し、それを達成する毎日の実践活動を設定するような構造になります。該当する日の目標が実現できないと、達成する日を指定し、そこに再度目標を設定します。

1日1日が勝負ですから、集中力はつきますが、毎日毎日、目標設定とその達成実践の連続ですので、遊びのないハンドルのようなものになってしまいます。部分に追い込まれてしまい、全体を見る視点が失われてしまうのです。

その結果、実践すればするほど、目標と行動の迷路に入り込んでしまい、ストレスがたまってしまいます。

これは週間の目標設定と行動の例ですが、人生の目標の設定と達成行動となると、もっとやっかいなことになってしまいます。

①「健康」の目標、その下に達成実践計画
②「仕事」の目標、その下に達成実践計画
③「経済」の目標、その下に達成実践計画
④「家庭」の目標、その下に達成実践計画
⑤「社会」の目標、その下に達成実践計画
⑥「人格」の目標、その下に達成実践計画
⑦「学習」の目標、その下に達成実践計画
⑧「遊び」の目標、その下に達成実践計画

欧米型で人生のそれぞれの目標を立てると、８つの山あるいはピラミッドを作り頂上に各年間の目標計画を設定することになります。そして、この目標を達成するための行動は、各項上に設定した目標を実現すべく山の麓《ふもと》から登り始めるのです。

①の「健康の山」に、麓から実行者であるあなたは登り始める
②の「仕事の山」に、麓から実行者であるあなたは登り始める
③の「経済の山」に、麓から実行者であるあなたは登り始める
④の「家庭の山」に、麓から実行者であるあなたは登り始める
⑤の「社会の山」に、麓から実行者であるあなたは登り始める
⑥の「人格の山」に、麓から実行者であるあなたは登り始める
⑦の「学習の山」に、麓から実行者であるあなたは登り始める
⑧の「遊びの山」に、麓から実行者であるあなたは登り始める

しかも、目標の山を登るあなたは１人であることを忘れてはなりません。

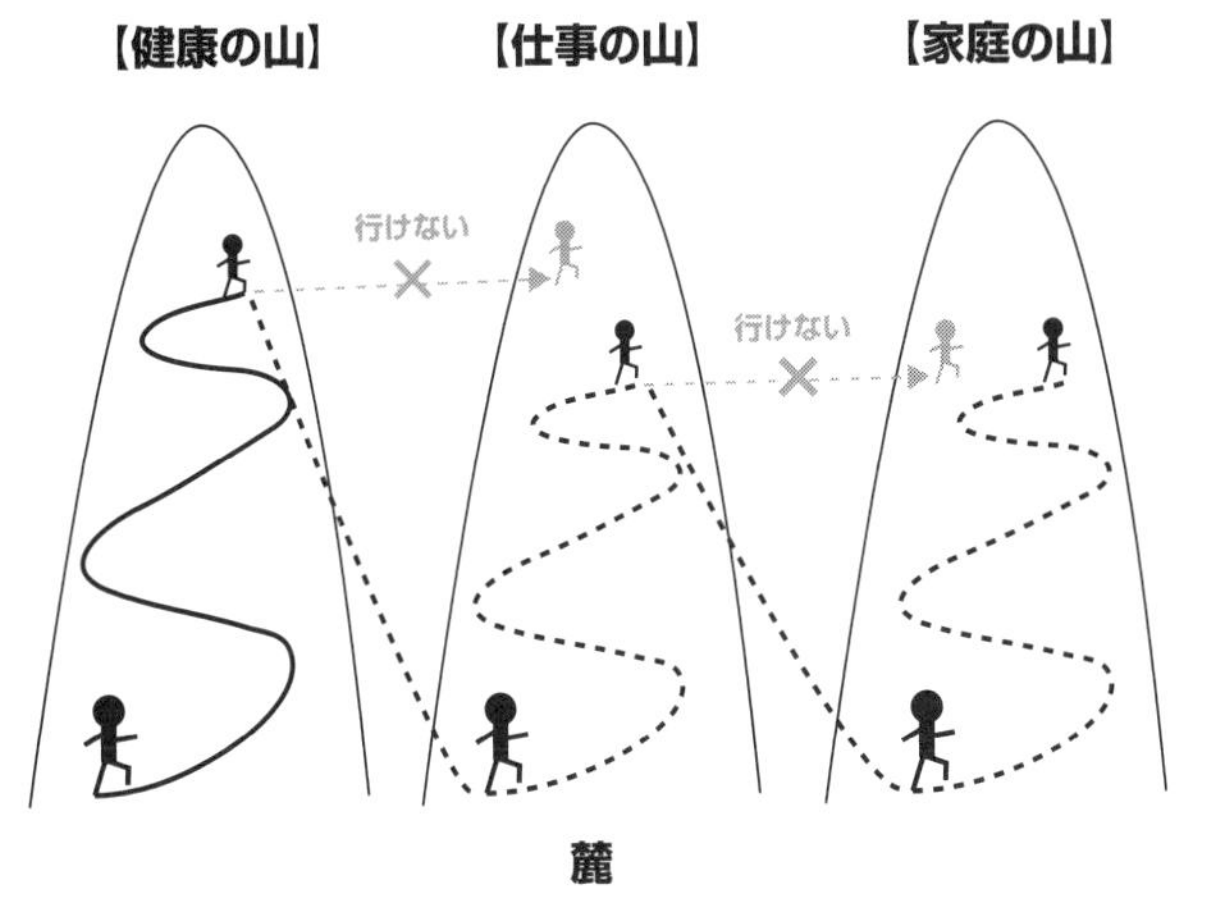

それぞれの目標の山に麓から登るのは困難

なるほど合理的で、頭の中では整然とした人生計画の立案と実践計画のように見えます。

しかし、現実に活動し出すと、どうでしょうか？

上の図を見ればわかるように、途中で「仕事の山」から「家庭の山」に突然切り替えて登ったり、「健康の山」から「経済の山」に突然スライドして登ることはできません。

たとえば、「仕事」の目標を達成したとします。すると、次の目標達成に向かうことになります。つまり、「仕事の山」の麓まで下りて、次の「家庭の山」に新たに登り始めなければならないのです。

「仕事の山」を一度麓まで下りて、新たに「家庭の山」に登り始めるという行動は構造上困難をともないます。しかも、ある分野でトラブルが起こった場合、ほかの山に登っていますから、速やかにそのトラブルに対応することができず人生計画は挫折してしまうのです。

このように、1つの目標に1つの行動を取っていく、「狩猟民族型」の目標達成システムは、目標が複数になったとき、対応するのに困難をきたしてしまうのです。もはや今の目標を実現しながら、その新たに発生した目標のために行動することができないのです。

ことわざにもあります。

「二兎を追う者は、一兎をも得ず」と。

さすが、狩猟民族は1つの獲物に焦点を合わせた場合、ほかは見向きもしないで、その目標に一点集中（コンセントレーション）の行動を取るのです。

目標設定による行動、つまり狩猟民族の行動文化が現在に受け継がれたのが、欧米型の「1つの目標設定による、目標達成行動システム」なのです。

日本人の「目標達成手法」にピッタリのマンダラ思考

日本人は有史以来、近世の明治時代まで、農耕を中心として営んできた民族です。農耕民族は、目標を１つに集中しなければ獲物を獲ることができない狩猟民族とは異なり、「季節と植える種子と天候の関係」で、「定着している土地」をベースに、多様な目標と多様な実践活動で目標を実現していくという「生産手段」の思考と行動を取ってきました。

「欧米型の自己管理術」の「１つの目標に１つの目標行動」という思考と行動は日本人にはなじまない方法ですが、それに変わるべき良い手法がないため、明治時代の開国以来、欧米型の「１つの目標に１つの目標行動」という手法を採用して、21世紀の現在まで続いているのです。

20世紀まではまだ情報化もそれほど発達しておらず、１つの目標に１つの目標行動で事足りてきました。しかし、21世紀になると、情報化はますます激しさを増し、今や1つの目標に1つの目標行動という「狩猟民族型」の問題解決手法では限界にきているのは事実です。

つまり、「マルチ（複眼的）目標設定」「マルチ（複眼的）目標実践」が必要になってきたのです。

「多様な目標に、多様な目標行動」のような状況における「自己管理術」はなかなか複雑な思考と行動になります。これを欧米流の「1つの目標に1つの目的行動」方式で解決しようとすると難しいのです。

それでは、農耕民族の習慣を多く引き継いでいる私たち日本人に合った、「自己管理術」はあるのでしょうか？

実は「マンダラ思考」が「日本人の自己管理術」にぴったりなのです

先にも述べたように、「マンダラ思考」とは、「中心核を持つ3×3の9マス」です。

1週間の目標設定と行動で欧米流との違いを見てみましょう。

「月曜日、火曜日、水曜日、木曜日、金曜日、土曜日、日曜日」のそれぞれの曜日に、1つずつの目標と目標行動を設定するという条件で「欧米型の1つの目標1つの行動」と「日本型の多目標、多行動」を表してみます（左図参照）。

日本型「多目標、多行動」

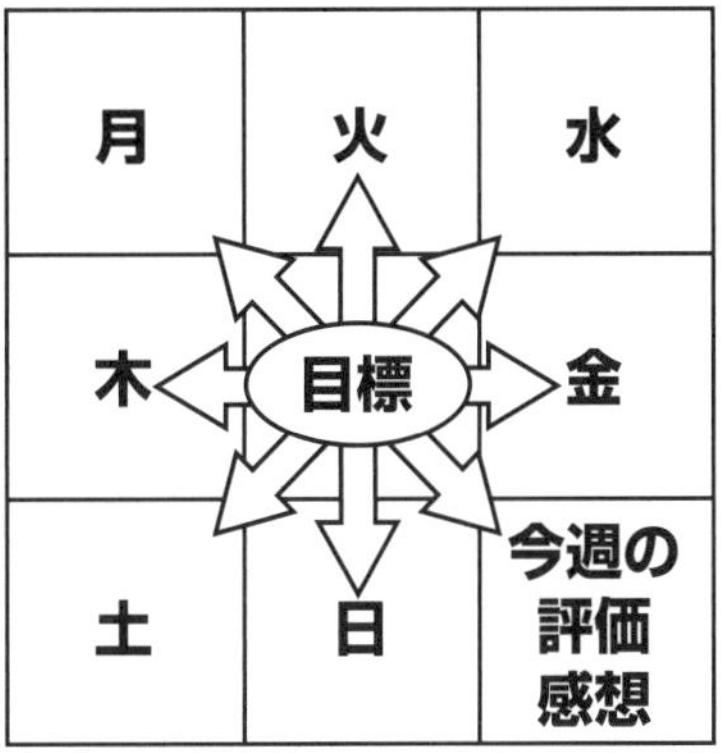

「欧米型の1つの目標1つの行動」の場合は、上部に各曜日の目標を設定します。そして、その目標のための行動を下部に立案します。このようにして、月曜日から日曜日の「7つの各目標」と「7つの各目標達成のための実践活動となります。

　これに対して、「マンダラ構造」を活用した「日本型の多目標、多行動」手法は次のようになります。

　まず「中心核を持つ3×3の9マス」の中央の中心核に月曜日から日曜日までの目標を立案します。そして、周囲の8つの区画の上段左の月曜日、上段中央の火曜日、上段右の水曜日、中段左の木曜日、中段右の金曜日、下段左の土曜日、下段中央の日曜日、そして下段右を今週の評価・感想の区画にします。

こうすると、中心核の中央に今週のすべての実現すべき目標を設定することができ、各曜日の区画にはその曜日の目標を実現すべき行動計画を構築することができるのです。

しかも、1週間を中心にして目標が構築でき、周囲に各曜日が月曜日から日曜日まで存在していると、何か自分が中央にいて月曜日から日曜日まであなたを応援してくれているように感じられます。

マンダラ思考を活用した「マンダラビジネス手帳」を活用している多くの人も、「週間行動計画」のページを開くと〝やすらぎを感じる〟と感想を述べています（週間行動計画については第5章で詳しく説明）。

1週間がキラキラ輝き出し、そんなに無理しなくてもいいんだよ、「月曜日」の目標が実現しなかったら「水曜日」で月曜日の目標実現の協力をしてあげるよと、やさしくあなたに微笑みかけてくれるような余裕が生まれてくるのです。

つまり、人生計画の8つの分野をバランス良く行動することが可能になります。しかし欧米型では、仕事の目標を達成するためには、それを達成するまで次に進むことができません。「今日残してしまった仕事は明日もやらなければならない」「明日残ってしまったらあさって」となってしまうのです。

マンダラ思考による行動計画ではそうはなりません。それは「行動を管理するツール」があるからです。それが次章で解説する「年間先行計画」「月間企画計画」です。

第3章

自己管理は時間管理ではなく「行動管理」

1年間の「やりたいこと」「やるべきこと」を先に入れてしまう

「人生計画」「ビジネス計画」はデザイナーズハウスの建築設計図だと述べました。ここからは工程表になります。設計図に沿って時系列で実現に導く役割を果たします。それが「年間先行計画」です。

単なる年間計画ではありません。「計画を行動レベルに落とし込む」と言い換えたほうがいいかもしれません。

行動を先行してしっかり計画を立てれば、それを実現するべくほかの予定を調整して早め早めに手を打ち、準備し、処理することができます。それも主体的に関わるので、追われることも疲れることもなくなるのです。

年間計画を実践することは、やがて**【習慣】**になります。【相互依存の原則】どおり、知らず知らずに目標実現に向かうのです。他者との関わりにおいても確固たる行動指針を持つことになり、自らの主導権を発揮できることになります。

その際、「目標は未来、つまりあるべき姿から考える」ことがポイントです。過去や現在を見て、目標をその延長として設定する考え方（＝プッシュ思考）をとらず、「あるべき姿・未来の理想的な姿」を描いて、引っ張り上げてそこに到達する方法や行動を考える（＝プル思考）のです。そのあとは行動に移すことです。

そのために「人生計画」「ビジネス計画」で描いた「あるべき姿」をまず「年間先行計画」に入れてしまうのです。

「人生計画」の旅行、資格取得、健康診断や、「ビジネス計画」のイベント、経営計画発表会、種々の会議など、すでに決まっていることも決まっていないことも行動するものとして入れてしまうのです。

「時間が取れたら……」「暇ができたら……」では永遠に実現に結びつきません。３ヶ月後、半年後、１年後が明確になっていない工程表では「家」の完成は不可能なのと同じです。

この「年間先行計画」を最大限に生かしている方の事例を挙げましょう。

名古屋市にある株式会社田村設計の田村社長は、超のつく多忙でハードな日々を送っています。

にもかかわらず、毎年何度も海外に行くので、「多忙な経営活動をしながら、どのようにして海外旅行をこなすことができるのか」と周りの人から不思議がられているそうです。

彼はマンダラ思考で「人生計画」を立てる前に、「年間先行計画」を最優先にして月日と行くべき場所を記入してしまいます。先に計画を入れてしまうことで、海外旅行には確実に行くことができてしまうそうです。ちなみに田村社長の1年間の〝行動計画すべての〝コマ取り〟は「年24回の役員会議」「年2回の合宿役員会議」「年40回のセミナー」「年９回の海外出張」「週３回（年約１５０回）のヨガ」があります。

実際には、実行段階で多少の変更はつきものです。しかし予定が組んであるのとないのでは月とスッポン、年間先行計画がまさに1年を作っているのです。

このように、あるべき姿を描き、年間計画に入れれば、それに向かっていつ、何をするべきかと考えるようになるのです。「暇ができたら海外旅行に行きたい」ではいつまで経っても海外旅行に行くことはできません。

年間先行計画

国民の祝日　Year Planner

曜日＼月	1 Jan	2 Feb	3 Mar	4 Apr	5 May	6 Jun	月／曜日
重点計画							
月	1						月
火	2				1		火
水	3				2		水
木	4	1	1		3		木
金	5	2	2		4	1	金
土	6	3	3		5	2	土
日	7	4	4	1	6	3	日
月	8	5	5	2	7	4	月
火	9	6	6	3	8	5	火
水	10	7	7	4	9	6	水
木	11	8	8	5	10	7	木
金	12	9	9	6	11	8	金
土	13	10	10	7	12	9	土
日	14	11	11	8	13	10	日
月	15	12	12	9	14	11	月
火	16	13	13	10	15	12	火
水	17	14	14	11	16	13	水
木	18	15	15	12	17	14	木
金	19	16	16	13	18	15	金
土	20	17	17	14	19	16	土
日	21	18	18	15	20	17	日
月	22	19	19	16	21	18	月
火	23	20	20	17	22	19	火
水	24	21	21	18	23	20	水
木	25	22	22	19	24	21	木
金	26	23	23	20	25	22	金
土	27	24	24	21	26	23	土
日	28	25	25	22	27	24	日
月	29	26	26	23	28	25	月
火	30	27	27	24	29	26	火
水	31	28	28	25	30	27	水
木			29	26	31	28	木
金			30	27		29	金
土			31	28		30	土
日				29			日
月				30			月
火							火

むろんこの方法は、経営者でないと難しい場合もあるでしょう。しかし、ビジネスパーソンでも1年先は無理としても半年、いえ、3ヶ月先なら状況を読めるのではないでしょうか。

計画が入ると、すべての行動がそれを実現する方向に向いていきます。ほかの予定をやり繰りし、仕事を早め早めに処理するようになります。時間管理とは行動管理そのものなのです。

「年間先行計画」に入れた時点で行動に変わる

「年間先行計画」を立ててみましょう。

工程表ですから、まず最優先は年間ですでに決まっている仕事の予定を記入します。業種によってさまざまでしょうが、会社の行事、プロジェクトの完成日、販促イベント、大切な納期などを書き入れてください。

次に、月日の決まっているプライベートの行事、法事、結婚式、旅行などを入れましょう。

また「人生計画」で立てたものはすべて行動予定として記入していくことです。資格取得や健康診断、自己開発セミナー、「ビジネス計画」で立てたイベントなど、設計図に描いた計画は工程表に載せなければなりません。空いている月日にとにかく先行して入れていきます。

月日がどうしてもあいまいになってしまうもの、決定できないものは、手帳上覧「重点計画」に目安となる月を想定して記入しておきましょう。

前述しましたが、計画が入るとそれまでに処理しなければならないことは、済ませておこう、そろそろ心づもりしておこうというように「脳」が準備するのです。

あなたはあなたの「脳」にもあなたの豊かな人生、ビジネスの実現のために参画させることができるのです。「人生計画」「ビジネス計画」をもとに記入してみてください。

その際、ビジュアルな工夫も必要です。たとえば、ビジネス上、決定しているものは赤のマーカーやボールペンで囲んでみる、プライベートはブルーで囲んでみるなどの色分けをしてみましょう。

年間先行計画

国民の祝日 Year Planner

曜日 ＼ 月	1 Jan	2 Feb	3 Mar
重点計画			
月	1		
火	2 冬休み		
水	3		
木	4 初出社	1	1
金	5	2 ジム	2 ジム
土	6	3	3
日	7	4 プール	4
月	8	5 定例会議 ジム	5 定例会議 ジム
火	9 挨拶訪問	6 企画会議	6
水	10 ジム	7 ジム	7
木	11	8	8 企画会議 ジム
金	12 ジム	9 友人 ジム	9
土	13	10	10
日	14	11	11
月	15 定例会議 ジム	12 企画会議 ジム	12 定例会議 ジム
火	16	13 ハワイ旅行	13
水	17 ジム	14 ジム	14 ジム
木	18	15	15
金	19 異業種交流 ジム	16 ジム	16 ジム
土	20	17	17 営業セミナー
日	21	18	18
月	22 定例会議 ジム	19 定例会議	19 定例会議 ジム
火	23	20	20
水	24 ジム	21 ジム	21
木	25	22	22
金	26 ジム	23 ジム	23 ジム
土	27	24 両親宅	24
日	28	25	25 両親宅
月	29 定例会議 ジム	26 定例会議 ジム	26 定例会議 ジム
火	30	27	27
水	31 ジム	28 ジム	28 ジム
木			29
金			30 ジム
土			31
日			
月			
火			

そうすることによって、重要度や立てた計画がバランス良く入っているかがひと目で把握できるようになり、何日前には何が処理されていなければならないか、何を準備するべきかを自然に考えるようになります。

「年間先行計画」を記入してしまうことで、あなたの行動は確実に先行管理型となり、約束の日がくるまでに、実現のための準備ができます。目標実現のための年間先行の習慣がついてくると、今年度中に実現すべき年間計画の実現率が飛躍的に高くなります。

実際の行動を管理する「月間企画計画」

「月間企画計画」により、工程表はさらに具体的になってきます。この「月間企画計画」の役割は大きく2つあります。

1つは、ダブルブッキングの防止と記入漏れなどのミス防止です。スケジュール記入欄に「年間先行計画」から予定を転記します。どんどん入ってくる新たな予定も必ずここに記入します。

新たな予定は、先に記入した「年間先行計画」を優先してスケジュールを組んでいきます。こうすれば、あなたの「人生計画」もしっかり行動に落とし込むことができるのです。あなた自身がやりたいことを行動に落とし込めるのが、もう1つの役割です。つまり、月間は「企画計画」をする部分なのです。企画は月間単位で立案して処理することです。

その企画・開発に関する項目を右側の月間企画のブロックに入れ、それに関わる日、実行日、または実行予定日にチェック（×）を記入していきます。予定が決定になれば左側のスケジュール欄に記入します。

最上段の月間重点計画に入れたもの、人生計画の8分野を、とにかく積極的にデザインすることです。8項目まで入ります。

「脳」に刷り込まれた目標は「発想・ひらめき」を生みます。この「発想・ひらめき」を行動に持ち込むページにしてもよいのです。「発想・ひらめき」は「企画・開発」につながり、行動につながり、それはまた、新たな「発想・ひらめき」を生み、確実

2月FEB.月間企画計画

Monthly Schedule スケジュール優先があなたを活性化する

月間重点計画

			・8・10・12・2・4・6・8・	月間企画（Monthly Project） A	B	C	D	E	F	G	H
1	木	先勝									
2	金	友引									
3	土	先負									
4	日	仏滅									
5	月	大安									
6	火	赤口									
7	水	先勝									
8	木	友引									
9	金	先負									
10	土	仏滅									
11	日	大安									
12	月	赤口									
13	火	先勝									
14	水	友引									
15	木	先負									
16	金	仏滅									
17	土	大安									
18	日	先勝									
19	月	友引									
20	火	先負									
21	水	仏滅									
22	木	大安									
23	金	赤口									
24	土	先勝									
25	日	友引									
26	月	先負									
27	火	仏滅									
28	水	大安									

にあなたを活性化させます。

「企画・開発」に特殊な才能など必要ありません。当月何を実現したいのかという明確で強い「目標意識」を持っていれば、あなたは今、つまり今月、何を実行しなければならないかが、自然と浮かび上がってくるのです。

もしそのアイデアが浮かんでこなければ、あなたに企画・開発を生み出す能力や才能がないのではなく、あなたが今月実現したい目標に対する達成意欲が欠けているととらえることです。今すぐあなたが今月実現しようとしている目標を再点検することです。

「他者から、命令されたり、指示された受動的なもので、他者依存の考え方になっていないか」と自問自答するのです。そして、自らの意思で、絶対達成しなければならない「目標」に切り替えることです。

スケジュール優先があなたを活性化させる

「月間企画計画」を立てましょう。

実際には89ページの図のように１ヶ月分が入りますが、記入例を記すために半分の15日分のみ挙げてみます（93ページ参照）。「月間企画計画」にある右側部分と左側部分は記述方法が異なります。右側は企画計画、左側はその実行計画です。

まず、左側に「年間先行計画」で決定されたスケジュールを漏らさず記入します。今後入るスケジュールも必ずここに入れます。

次に右側の「月間企画」を立てていきます。当月の月間日付がありますので、「企画日」と「行動日」とは横並びで共通になります。企画即実行が可能になるように構成されています。

右側部分には「AからH」までの８つの項目を表示できるようになっています。ページ最上段の「月間重点計画」に入れたもの、「人生計画」の８分野、顧客、イベントなど、前々月から引き継いでいる企画案・前月から引き継いでいる企画案・今月新たに起こした企画案などを記入します。

次は、各企画案を実行する月日を縦軸の指定した月日にチェックします。企画ごとに、チェックを入れていきます。今度は、左側のそのチェックを入れた月日の左欄に、日時を入れながら、その企画の当日やるべき実践行動を計画します。

これを月初めにしておくと、あなたの月間行動は目標を実現する企画の実行スケジュールに方向づけられて活動することができ、まさに「スケジュール優先があなたを活性化する」ことができるのです。解説すると複雑に見えますが、事例を見ながら書き方の参考にしてください。

１ヶ月終わったところで、それぞれの達成度をチェックします。これにより、１ヶ月の目標達成度がひと目でわかるようになります。

各企画を色分けするのもいいでしょう。達成できなかった企画項目が見えてくるので、翌月の企画計画に反映させることができます。

また、企画したことが実際に行動されたかをチェックするリストがあります（94ページ参照）。項目欄に月ごとにチェックすべき項目、売上、顧客訪問目標数などを記入し、横軸に１～12まで毎月の進捗を売上の数字、自己採点した点数などで記入します。売上などは折あるごとに見ると、現状を把握することができます。

2月FEB.月間企画計画

Monthly Schedule　スケジュール優先があなたを活性化する

月間重点計画　新企画

			・8・10・12・2・4・6・8・	A 会議	B 家庭	C 学習	D 健康	E 企画	F 訪問	G フォロー	H 遊び
1	木	先勝	英語　A社訪問			×			×	×	
2	金	友引	ジム　B社→　見積り			×	×		×		
3	土	先負									
4	日	仏滅	プール→		×		×				
5	月	大安	ジム　英語　定例会議　資料まとめ	×		×	×	×			
6	火	赤口	〃　企画会議			×		×			
7	水	先勝	ジム　〃　C社→　D社→			×			×		
8	木	友引	〃			×					
9	金	先負	ジム　〃　友人飲み会			×	×				×
10	土	仏滅									
11	日	大安	旅行準備								
12	月	赤口	定例会議	×							
13	火	先勝	↑		×						
14	水	友引	ハワイ旅行		×						
15	木	先負			×						

チェックリスト

		1	2	3	4	5	6	7	8	9	10	11	12	計
1														
2														
3														
4														
5														
6														
7														
8														
9														
10														
11														
12														
13														
14														
15														
16														
17														
18														
19														
20														
21														
22														
23														
24														
25														
26														
27														
28														
29														
30														
31														
計														

第4章

計画を先に入れてしまうことの重要性

「緊急ではないが、重要なこと」を実践する

「時間は管理するもの」と固定的に感じている方がいますが、マンダラ思考では時間は管理するという考え方ではありません。

当然、相手と約束したり、何時にどこへ行くということをスケジュール帳に記入することはできますが、そのためだけでは、いつしかあなたは時間に縛られるようになり、文字どおり「時間管理」になってしまいます。

マンダラ思考では、「人生計画」「ビジネス計画」から構築していきます。そこから活用のスタートが開始されているプログラムになっていることは、これまで説明してきた流れを見てもおわかりでしょう。

それでは、時間管理の本当の目的は何なのでしょうか？

目的はズバリ「人生・ビジネスを豊かにする」ために目標を持って自己実現を可能にする「行動管理」なのです。その手段として時間管理があることを理解してください。

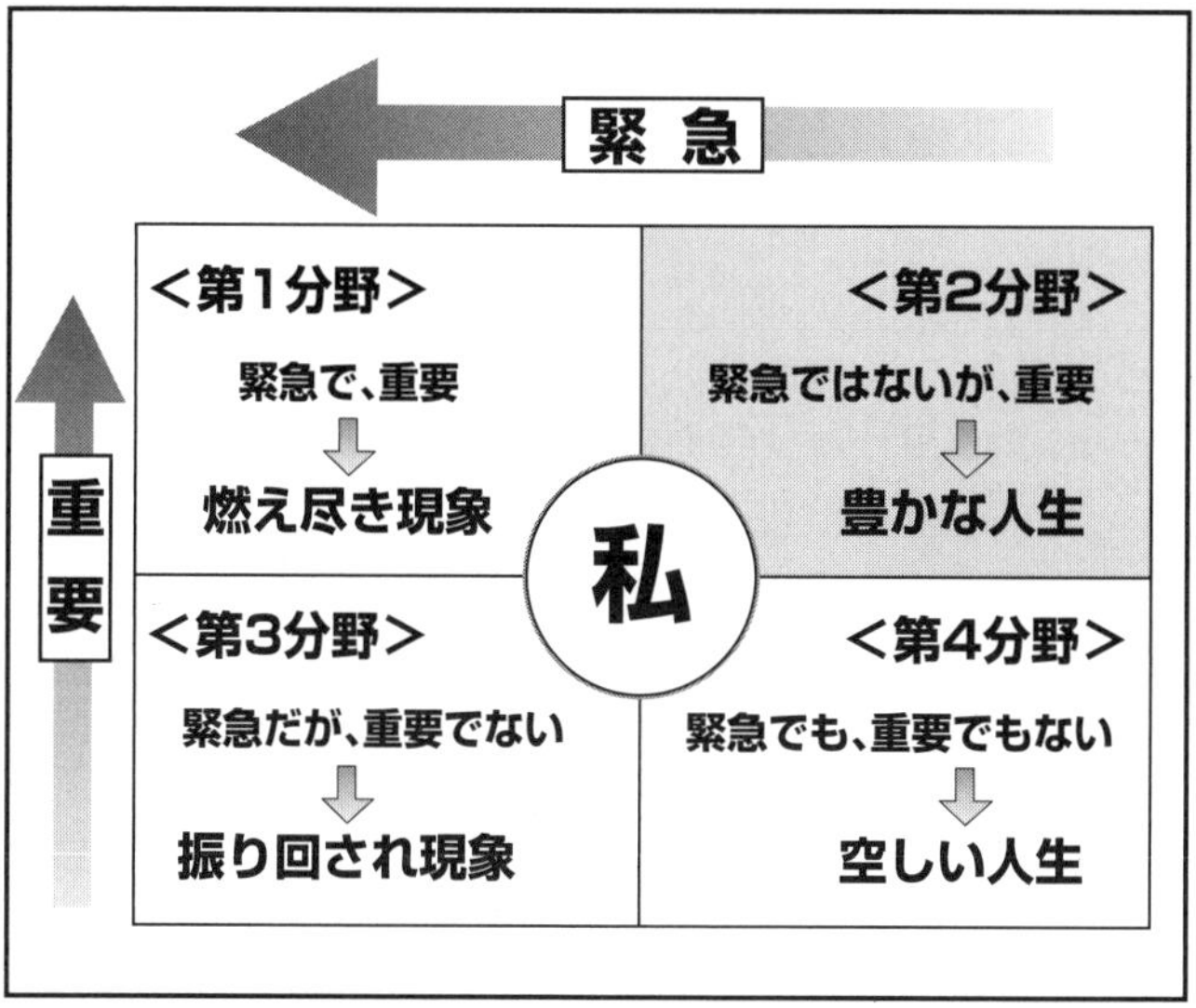

私たちは普通、どのような分野に多くの時間を費やしているでしょうか？　それは以下の４つの分野に分けることができます。

A．第１分野……「緊急で、重要な分野」

B．第２分野……「緊急ではないが、重要な分野」

C．第３分野……「緊急だが、重要でない分野」

D．第４分野……「緊急でも、需要でもない分野」

A．第1分野……「緊急で、重要な分野」

私たちはこの分野に8割以上の時間を消費しています。つまり、待ったなしの出来事に8割のエネルギーを使っているのです。
「クレーム処理」「締め切りのある仕事」「せっぱ詰まった問題」「病気や事故」「危機や災害」などです。

何をさしおいても、取りかからねばならない時間対応です。

お客様からクレームの電話が入ったとします。それに対し、「現在社内で、会議をしておりますので、1時間後に連絡します」では通用しません。

しかし、この分野に多くの時間を費やしていると緊張感が高まり、ストレスもたまり、逃避したくなり、今の言葉で言うと「キレる」状態になります。

B．第2分野……「緊急でないが、重要な分野」

マンダラ思考で計画したものが最も効果を発揮する自己管理ができる分野です。
「人生計画」「ビジネス計画」「お金の使い方」「家族への思いやり」「人間関係作り」「人格向上」「学習」「余暇の活用計画」などです。

第２分野に時間を費やすことによりビジョンが持てるようになり、生活にバランスが取れ、健康になり、人間関係が改善され、危機が少なくなります。

C．第３分野……「緊急だが、重要でない分野」

「突然の訪問客」「多くの電話」「無意味な接待」「雑事」などです。

この分野に時間を多く費やすと、短絡的な視野になって目標や計画に意味がなくなり、周囲に振り回されます。

D．第４分野……「緊急でも、重要でもない分野」

「暇つぶし」「だらだら電話」「テレビを見る」などです。

この分野に時間を費やしていると、無責任な生き方になり、他者や組織に依存した人間になってしまいます。

「あるべき姿」をアドバイスする司令塔

人生を充実したものにするためには、4つの時間活用分野のうち「第2分野……緊急ではないが、重要な分野」に重点を置いた計画を立てる必要があります。

待ったなしの第1分野、「緊急で、重要な」出来事は突然やってくるものです。しかし、その前に、あなたがやるべきことを事前に計画しておけば、突然起こった第1分野の出来事もらくらくと対応できるのです。

マンダラ思考で計画を立てれば、「人生計画」「ビジネス計画」「年間先行計画」「月間企画計画」「週間行動計画」「日間実践計画」と時間を行動に変えることができるので、何か突発的に起こった出来事も、常に「あるべき姿」から行動をとらえることができるのです。

書き込んでいく作業そのものの多さを考えると、計画にがんじがらめにされたような感じを受けると思います。しかし、マンダラ思考で計画を構築し行動しているので、あなたは余裕を持って自己の目的を実現しながら、第１分野の「緊急で、重要な分野」にもらくらくと対応することができるのです。

第３分野の「緊急だが、重要でない分野」の出来事には、時間をあまり費やさずに処理することができます。なぜなら、あなたがやるべきことは第２分野で十分計画してあるからです。

いわんや、第４分野の「緊急でも、重要でもない」暇つぶしに時間を割くような愚かな時間があったら、それこそ計画を見直し、計画を立案する時間に当てることができるはずです。

あなたの「心と脳」は常に豊かな時間を、目標実現のために共有しているのです。

「ＰＤＣＡ」ではなく「ＣＡＰＤ」で考える

問題解決は私たちにとって欠くことのできない手法です。有名な問題解決システムとしては欧米型の「ＰＤＣＡ」サイクルがあります。

「Ｐ＝プラン」（目標）を立て、「Ｄ＝ドゥ」（行動）をし、「Ｃ＝チェック」（目標と実績の差の確認）をし、「Ａ＝アクション」（新たな目標実現のための修正行動）をするという手順で、問題を解決していく手法です。

この手法は日本でも広く取り入れられていますが、これは現実的な問題解決には不向きなのです。

本来の問題解決手法は「ＣＡＰＤ」サイクルが正しい問題解決システムなのです。あなたが現実に問題解決をする場合のことを考えてみれば、これは一目瞭然《いちもくりょうぜん》となります。

何もないところから、突然あなたは目標、つまりプラン（Ｐ）を立てるでしょうか？普通はそうではないのです。手順を追って解説していきましょう。

【第1ステップ……Ｃ】

まず、現実の起こっている問題はどうなっているかという「現状認識、現状分析」のチェックから始める。

【第2ステップ……A】

なぜその問題が起こったのかという「なぜ」を考えながら、その問題の真の原因を解明する手順を踏む。つまり、真の問題解明のためのアクションを取る。

↓

【第3ステップ……P】

真の原因が発見されたら、その問題解決のためのプランを考える。

↓

【第4ステップ……D】

最後に、問題解決のための目標を実現するために行動する。

具体的に例を挙げて解説すると、この「日本型問題解決システム」がいかに現実に即した問題解決システムであるかが理解できるはずです。

「動物園からトラが逃げた」という事例で解説していきましょう。

「動物園からトラが逃げた」

【第1ステップ】 捜査員はまず、逃げたオリを徹底的にチェックします。トラが隠れているかもしれないからです。確かに事実として、トラはオリの中にいないということが確認されました。これが「チェック」つまり、問題の現状認識です。

【第2ステップ】 トラの足跡や、聞き込み、捜査犬などを駆使して、問題の真の原因である「トラ」の探索に移ります。そして、苦難の末、トラを発見することができたとしましょう。

つまり、問題の真の原因を発見したことになります。しかし、ここでめでたし、めでたしとはいかないのです。

【第3ステップ】 問題解決の部分に移ります。ここで目標設定の判断が問われるのです。「人命尊重」か「動物愛護」かという問題解決策の判断基準です。

街中のことでもあり、獰猛《どうもう》なトラのことでもあるので、人命保護という絶対条件の安全性という視点が欠けていれば、「射殺やむなし」という解決策が取られるでしょう。

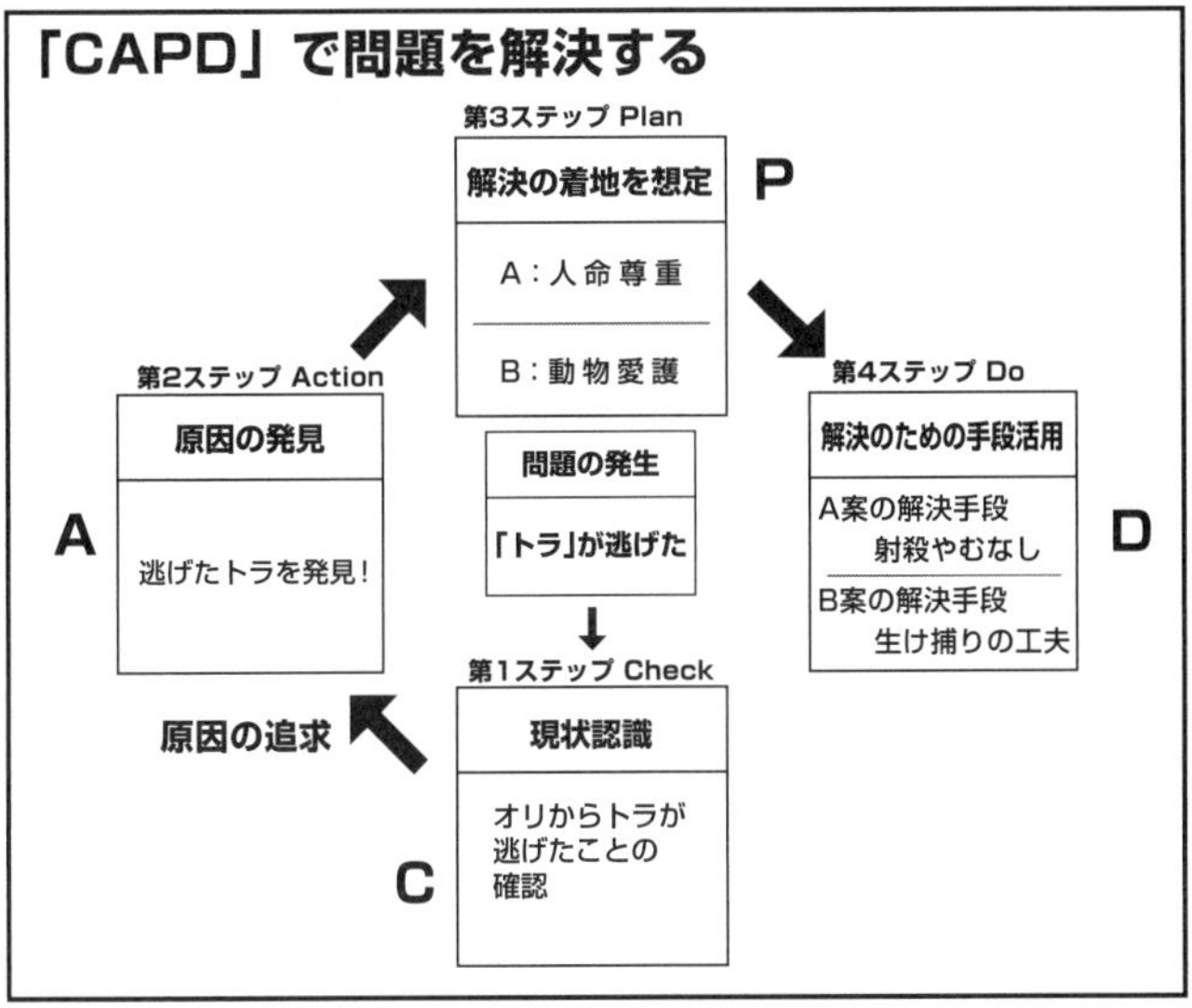

しかし、人命の保護はできており、トラが人に危害を与えない状況がわかったなら、「動物愛護」策により、「トラを生け捕り」という解決策が取れるのです。このように状況により解決策の「Ｐ」は変わってきます。

【第４ステップ】

「人命尊重」の目標設定なら「射殺」という問題解決実践、「動物愛護」目標設定なら「生け捕り」という問題解決実践となり、行動が決定されます。いきなり、問題解決の「Ｐ＝プラン」からスタートする欧米型の問題解決システムである「ＰＤＣＡ」サイクルがいかに現実離れした問題解決システムであるかということが理解できたでしょう。

この問題解決の真理を知っているトヨタ自動車は「7W（セブンダブル）」という問題解決手法を採用しています。まず問題が発生したら、その問題の原因を「なぜ（WHY）、なぜ、なぜ、なぜ……」と7回原因追求行動を取るのです。そして、真の原因を発見したら、あとは「トラが逃げた」の問題解決システムにのっとり解決していくのです。

まさに「CAPD」の問題解決システムを採用しているのです。自動車業界で世界一の企業も日本型問題解決手法の「CAPD」で問題の解決に当たっています。本物は問題解決システムの本質を知っているのです。

第5章

行動が継続できる「3×3の9マス」

マンダラ思考で1週間を考える

「年間先行計画」「月間企画計画」で構築してきた計画、目標を実際に行動する部分です。

1週間が「中心核を持つ3×3の9マス」で構成されたマンダラ構造になっていま す。これは日々は独立しながらも連動して関係性を持っており、縦並び、横並びで区分されるものではないからです。

「デザイナーズハウスの建築設計図と工程表」が1枚になったものと考えてください。1週間を中心核を持って鳥瞰できることの想像以上の効果があります。マンダラ思考のスケジュールがほかの手帳と最も大きく違うところです。

この特長を述べましょう。

中心に今週の目標・役割を設定でき、結果を記入できます。

計画・目標を持たなかったり、その設定が間違っていれば、日々を多忙に送っていながら方向性を失い、成果は上がらず、達成感や充実感は得られません。しかし、「人生計画」「年間先行計画」「月間企画計画」と方向をしっかり定めていますから、計画を実現するための目標は明確になっているはずです。

その目標を１週間の中心に置くので、行動はより具体的になり、中心軸がぶれることなく達成地に導きます。

中心に目標があるので、常に「脳」に刷り込まれ、その目標を達成するために情報に敏感になり、収集できるようになります。また、達成のためのヒントを得ようとするので、ひらめきが起こり、アイデアが湧き、創意工夫して対策を練ることが習慣になります。

あなたの「脳」をフル回転させて目標達成に向かうので、あなたの日々はワクワクしながら確実に活性化します。

目標に対して前もって準備し手を打つことも習慣となるので、発生する可能性のあるトラブルを未然に防ぐことになります。

達成すべき目標というだけでなく、役割というとらえ方で自分が何をするべきかを考えることができ、主体的に行動を計画することができます。

目標は１日単位の「Ｔｏ　Ｄｏリスト」と異なり、１週間単位なので余裕を持って臨めます。あなたは追い詰められることがないので、挫折することがなく継続できます。継続は力、計画達成の最大の要因です。

目標、役割の項目にそれぞれ結果を記号で記入することができるので、達成度もひと目でわかります。

右下に今週の評価・感想・対策の欄があります。目標を設定して実行した成果を１週間ごとにチェックすることが習慣になり、それが次週の行動に結びつきモチベーションが上がります。

また、１週間の終わりに自分を振り返って評価したり、感想をまとめることで自分を見つめることになるので、自己の成長につながります。目標に向かって頑張ったあなたを違う角度から眺められるかもしれません。褒めたり、反省したり、叱咤《しった》激励したり……。もう１人の自分との対話が始まります。

右端にはＭＥＭＯ欄があります。「脳」がフル回転して、充実した１週間を送ったときは、この欄がいっぱいになっているはずです。

「情報が集まる」「ひらめきが生まれる」「脳が活性化してより回転する」……そして

1月　週間行動計画

結果記号	
✓	達成
→	進行中
×	先送り

Activities This Week

15 (月) Mon 先勝	16 (火) Tue 友引	17 (水) Wed 先負	MEMO（今週のヒラメキコーナー 情報・アイデア・ヒント）
8 10 12 2 4 6 8	8 10 12 2 4 6 8	8 10 12 2 4 6 8	
18 (木) Thu 仏滅	●今週の目標・役割 Weekly Objective ／ 結果	**19** (金) Fri 赤口	
8 10 12 2 4 6 8	1. 2. 3. 4. 5. 6. 7. 8.	8 10 12 2 4 6 8	
20 (土) Sat 先勝	**21** (日) Sun 友引	◆今週の評価・感想・対策 Review of Weekly Progress	
8 10 12 2 4 6 8	8 10 12 2 4 6 8		

また、「情報が集まる」「ひらめきが生まれる」……と、循環してスパイラルに活性化することを体感してください。

目標を1週間で完結させてしまう「週間行動計画」

週間行動計画を立てましょう。

現在、私たちの行動パターンは週間単位になっています。テレビは1週間単位で番組が編成され、ビジネスにおいても休日を単位に1週間のサイクルで計画実行されています。

1週間はマンダラチャートで構成されています。「中心核を持つ3×3の9マス」のマンダラ思考で1週間をとらえるのです。

上段左が月曜日、上段中央が火曜日、上段右が水曜日、中段左が木曜日、中段右が金曜日、下段左が土曜日、下段中央が日曜日です。

中心核は今週の目標・役割、下段右は今週の評価・感想・対策のエリアです。

まず「月間企画計画」の左側の欄のスケジュールを漏らさず転記します。「週間行動計画」の１日のエリア、時間の目盛りに合わせてください。これですでに決まったスケジュールが入りました。

中央の「今週の目標・役割」エリアに来週実現したい「目標・役割」を１から順に番号に沿って計画してください。その目標・役割を実行する日・時間まで決められるなら入れてください。決まらなければそのままでかまいません。１週間の空いている曜日のうち、どこでも実行できればいいのです。

「人生計画」「ビジネス計画」で立てた計画を入れましょう。「目標売上」「訪問予定顧客」「準備作成資料」「スポーツジム」「読みたい本」「観たい映画」「聴きたい音楽」などから、実行可能なものをスケジューリングしていきます。

そして全体を見渡してください。月曜日から日曜日までです。

いかがですか？　充実したものになっていますか？　何か貧弱でもの足りないですか？

これはあなたの「右脳」が判断しているのです。「週間行動計画」に記入すれば、あなたの脳は無意識の内に実現しようと働きかけ、準備します。ここで大切なのは、意識づけ、つまり気づくことです。「あっそうか！　火曜日にはこれをやろう。水曜日にはこの人に会おう」というように気づくことができます。

「今週の目標・役割」の記入は、前週でなくてもかまいません。「月間企画計画」を見ながら、ずっと先のことも「2週間後に研修に参加するなら、その前の週に資料を下調べしておこう」「この日に会う約束だから前週にはリマインドのメールを入れておこう」など、その週のうちに準備しておきたいことを前もって計画してしまうのです

さて、1週間が終わりました。「今週の目標・役割」の達成具合はどうだったでしょうか？

項目の右の「結果」欄に、左ページ上段の結果記号を記入します。進行中や先送りは次週に転記します。ここはデジタル評価です。

右下の「今週の評価・感想・対策」はアナログ評価です。文章で評価・感想・対策を書き入れましょう。進行中・先送りの項目は次週の対策として書き出しておいてもいいでしょう。

達成できていたら自分を褒めましょう。できなかったときは原因を探しましょう（C

1月　週間行動計画

結果記号：✓ 達成　→ 進行中　× 先送り

Activities This Week

15 (月) Mon 先勝

時間	予定	時刻
8	ジム✓	
10	定例会議✓	10:30
12		
2		
4	フォローハガキ✓ ↓	
6		
8		

16 (火) Tue 友引

時間	予定	時刻
8		
10	企画資料集め→	
12		
2	○○氏訪問✓ ↓	14:30
4		
6	資料作成→	
8		

17 (水) Wed 先負

時間	予定	時刻
8	ジム✓	
10		
12		
2	A社(新橋)✓ ↓	14:20
4	B社(横浜)✓ ↓	16:20
6	直帰	
8		

18 (木) Thu 仏滅

時間	予定	時刻
8		
10	(直行)C社✓	10:00
12		
2	見積書制作✓ ↓	
4		
6	B社O氏と会食✓ ↓	18:30
8		

●今週の目標・役割 Weekly Objective

目標	結果
1. 挨拶訪問フォロー	→
2. 異業種交流会	✓
3. 新企画資料集め	→
4. ジム	✓
5. 見積り書制作	✓
6. 家族で外食	✓
7.	
8.	

19 (金) Fri 赤口

時間	予定	時刻
8	ジム✓	
10	見積書FAX ✓	
12		
2	フォローtel✓ ↓	
4		
6	異業種交流会(新宿) ✓	18:00
8		

20 (土) Sat 先勝

時間	予定	結果
8		
10	子供と遊ぶ(公園～)	
12		
2		
4		
6	家族で外食	✓
8		

21 (日) Sun 友引

時間	予定	結果
8	ビジネス書を読む	→
10		
12		
2		
4		
6	ゴルフの練習	×
8		

◆今週の評価・感想・対策 Review of Weekly Progress

ジムの目標はすべて達成

・新企画資料
もう少し詳しく調べる
必要あり

・フォローtelでお客様
の要望あり

ＡＰＤの「Ｃ」の部分に当たります）。この作業は自分との対話です。感動したこと、胸に残る言葉、何でも結構です。

この１週間に得た貴重な情報、ひらめきやアイデアは右端の「ＭＥＭＯ」欄（１１１ページ参照）に記入しましょう。たとえば、ひらめき「商品の色違いを検討する」「Ａ社へコンタクトを取ってみる」とか、情報「Ｃ社へのアクセスと時間」などなど。これらの情報も１つに管理します。

１週間を鳥瞰できることがどんなにあなたを活性化するか、ぜひ体験してください。ほぼ１週間で、あなたの目標は達成しているはずです。

１日を自己管理するための「日間実践計画」

「日間実践計画」は「週間行動計画」の中の１マスをさらに「３×３の９マス」からなるマトリックスにしたものです。つまり、「週間行動計画」の１マスがこれに当たります。

MY法 マンダラ・チャート® 日間実践計画

date：　／　／　（　）

F	C	G	●メモ欄
B	●今日の目標・役割 Daily Action	D	
	8 10 12 2 4 6 8		
E	A	◆今日の評価 Review of Daily Progress	

この1日は突然現れたり、偶然めぐり会った1日ではありません。「人生計画」「ビジネス計画」で構築された計画を実現するべく、「年間先行計画」「月間企画計画」「週間行動計画」と組み込んできた必然の1日なのです。まさに計画を立て、目標を設定してきた（土をならし種を蒔《ま》いてきた）ものを収穫するとき、すなわち結果を出すときなのです。

「週間行動計画」を見れば、この1日がどのような位置づけでどのような意味を持つ1日なのか、すでにおわかりのことだと思います。

目標が明確になっているので行動は具体化しています。無駄のない、ミスのない、成果を上げられる1日になるはずです。

マンダラ思考で1日をとらえることで、頭の中で綿密な準備と行動のシミュレーションができるので、焦らず、ミスがなく、着実で自信を持った行動ができ、良い成果につながります。

ただ、「日間実践計画」はマンダラ思考をかなり使いこなしている人のためのツールですので、初めは日間にまで落とし込む必要はありません。

まずは「週間行動計画」を習慣にしてしまってください。それだけでは行動予定が書き切れない、するべきことが多いという方には「日間実践計画」はおすすめです。

１日の行動をチェックして目標を脳に刷り込む

「日間実践計画」を記入します（記入例は省略します）。

まず、「週間行動計画」で書き込んである１マス分のスケジュールを「日間実践計画」の中央部分に漏れなく転記します。すると、「週間行動計画」の１日分のスケジュール・目標が中心にくるわけです。

　１日の欄の左は１時間ごとの目盛りになっていますが、中央の線で左右に分ければ30分刻みの予定を記入することができます。また、中央の線で左右に分け、左欄はスケジュール、右欄を「Ｔｏ　Ｄｏリスト」として使うことも可能です。

　また、第３章で紹介したチェックリスト（94ページ参照）を使って、日次のチェックをすることもできます。日次でチェックしたい項目、売上、顧客訪問数、ウォーキング、瞑想などを項目1~12に記入し、縦に毎日チェックできます。

売上は数値で、項目に応じて、自己採点などで達成度をチェックします。折りあるごとに見ることで目標が脳に刷り込まれ、行動にもっと強いモチベーションを起こさせます。

「日間実践計画」の記入の仕方に戻ります。

中心には「週間行動計画」の1マス（1日）を転記しました。そのスケジュールを見ながら、残りのマスにやるべきことをエリアタイトルとして入れ、その詳細をエリアに記入します。

エリアタイトルにはスケジュールに入っている、訪問先や来社客、出席するセミナーなどの詳細を書きます。訪問先の担当者、訪問のテーマ、渡した資料、その結果、次回の対策、セミナーなら講師・テーマ・会場・受講料や内容・感想などです。メモに書けば捨ててしまう情報の中にも後日必要なものがあるかもしれません。

また、日報や日記としても使えます。

第6章

この世とあなたの心を具体化したマンダラ思考

人間の心を解き明かした「マンダラ」の秘密

「マンダラ」というと、何か聞いたような気がしますが、内容となるといまいちわからないというのが本音でしょう。

ここで言う「マンダラ」とは、「中心核を持つ3×3の9マス」のことです。

実は、この中心核を持った9マスの構造体が、私たちが求めている「人生・ビジネスを豊かにする」ワクワクさせる最強のツールであり、問題解決のための道具なのです。

なぜ、この単純な構造体がそれほどの威力があるのでしょうか？

この章ではそれを解明していくことにしましょう。

1. あなたは「あなた」であって、「あなた」ではない

たとえば、ここに1人の女性がいるとしましょう。

夫から見たら「可愛い妻」です。しかし、姑から見れば、可愛い息子を奪った「憎

い嫁」かもしれません。パートのお手伝いさんがいたら、お手伝いさんにとっては毎月の給料をくれる「女主人」ということになります。

これをあなた自身に当てはめて、周囲の人を見ると、この関係性はより具体的に理解することができると思います。

あなたが「恋焦がれる恋人」も、相手の職場の同僚から見たら「単なる会社の同僚」でしょうし、恋人の家族にとっては「娘、息子」ということになるのです。

つまり、「恋人」とか「友達」とか「家族」とか、一方的に決め込んで断定することができないのです。関わる人の関係で対象はいかようにも変化して、あなたの前に出現するのです。

この関係は「物」についても同じです。

ここに「コップ」があるとします。あの水を飲むガラスの「コップ」です。このコップも「水を飲む容器」と断定することはできないのです。ペンを立てれば、一瞬のうちに「ペン立て」に早変わりです。あなたはいかなる名マジシャンもかなわない素晴らしい魔術師になってしまいます。

このコップはもっと「不確実な特性」を持っています。

言い争いをして、このコップを相手に投げて、負傷させてしまえば、「凶器第1号」として、法廷で証拠になる物体に早変わりしてしまいます。

この2つの例は、この世に存在している人や物で固定的に存在しているものなど、何ひとつないということなのです。

「コップがペン立て」に見えるくらいで、この世の真理とはあまりにも大げさといわれるかもしれませんが、実はこの〝見方〟と〝関わり方〟があなたの人生・ビジネスを豊かにするか不幸にするかの、大きな分かれ道なのです。

第2章で「他者依存」「自己依存」「相互依存」のお話をしましたが、3つの相違はまさに「コップをどう見るか、コップとどう関わるか」によって、人生やビジネスで豊かになるか不幸になるかということなのです。

あなたの周囲に存在している「人」にしても「物」にしても、すべてあなたの「見方と関わり方」による判断基準で固定的に断定し、理解しているのではないでしょうか。

実は、ここに「落とし穴」があるのです。しかも「あなたを不幸に導いている落とし穴」です。

「豊かな人生・豊かなビジネス」を得るためには、身近なあなたの周囲の「人や物」

他人から見れば「ものの見方、関わり方」が違う

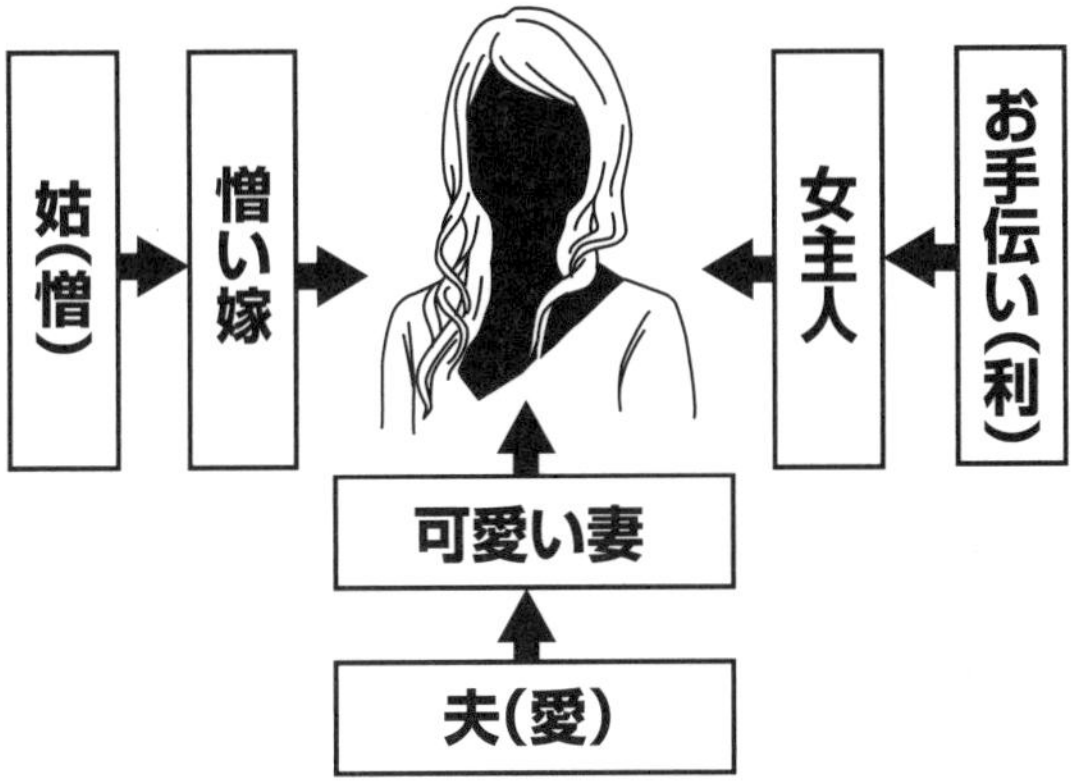

の〝見方と関わりあい方〟を再検討する必要があるのです。

「そんなこと、どうでもいいではないか」と思うかもしれませんが、そうではないのです。「ものの見方、関わり方」で、あなたの人生・ビジネスは豊かにもなり、不幸にもなってしまうのですから。

「お金を持っている」とか「有力なコネがある」とか「特殊な能力がある」とかというだけで、人生・ビジネスで成功し続けることはできません。

なぜなら、「関わり方で、対象はいかようにも変化する」という法則の世界の中で私たちは毎日生活しているからです。しかも、あなたの関わりあい方次第で、対

象は「恋人」にも「友達」にも「同僚」にもなってあなたの前に出現するのです。

つまり、この世の中には他者と無関係に独立して存在しているものなど何ひとつないのだということを認識する必要があるのです。

わかりやすく言うと、この世に存在するすべてのものは「幻」のようなもので「実体がないもの」ととらえることが正常なものの見方であり、関わり合い方なのです。

「ちょっと待ってください！　それではなぜ、現実に恋人だ、友達だ、得意先だ、という具体的な対象が存在するのですか？　物でも、マイカーだ、マイホームだ、私のカバンだと、具体的な物であふれているではないですか？」

それはあなたの見方と関わり合い、つまりあなたとの関係性で、本来は実体のない「人や物」が、「可愛い妻」「憎い嫁」「女主人」という実体を持ってあなたの前に出現したり、コップが「水飲み」「ペン立て」「凶器」となってあなたの前に出現するのです。

つまり、この世のすべての「もの」は「あなたとの関わり合い」で、現実として具体的な装いを持って出現するのです。

この法則をわかりやすく表現したのが**【相互依存の原則】**なのです。

ですから、「相互依存の原則」というのは、単なる思いつきの表現でなく、この世に存在するものの本質（真理）を表現したものなのです。

この「相互依存の原則」を別の言い方をすると「空《くう》」といいます。「空」とは「この世のすべてのものは実体がない」ということです。そして、実体がない〝もの〟が、他者との関わり合いで現実として出現するということなのです。

さて、あなたはこの実体のない現実世界で対象をどうとらえるか、どのように関わるか？

これを解決するための手段として「マンダラ」がなぜ出現しなければならないかという第1の絶対条件なのです。もう1つ、「マンダラ」が出現しなければならなかった第2の絶対条件が「心の構造と機能」の解明です。

2.「なわ」を見て「ヘビ」と思う人間の心

先ほどの説明で、「私との関わり合いで対象(他者)は出現する」という、この世のルールがわかりました。

そうなると、あなたの関わりあい方ひとつで、他者は「愛する人」にも「にくい人」

にも変身して、あなたの前に出現するのです。

あなたと他者の関わりは、ふだんは言葉や態度で現れますが、そうした現象は、すべてあなたの心がそうさせているのです。つまり、あなたの行動が他者の見え方に影響を与えているのです。

では、あなたの行動は何によって決められるのでしょうか？

それは「心」が指令しているのです。あなたの心が、「すべて周囲の環境の〝人や物〟を生み出している真の原因」ということなのです。

「私の心が、すべて私の周囲の環境を生み出している『真の原因』である」とは驚きですが、この真理は豊かな人生・ビジネスのために欠くことのできない条件である認識しておく必要があります。

それゆえに、「心の構造と機能」を解明していく必要に迫られるのは当然です。

「ちょっと待ってください！『心』というのは、フロイトやユングなど高名な学者が研究して現在に至っており、一般的には難解で理解するのが難しいのではないですか？」という声が聞こえてきそうです。

そんなことはありません。「心の構造と機能」は実に簡単なのです。なにせ、今こうして私の本を読んでいただいているのも、「心」があるからなのですから。

「心の構造」はバームクーヘンのように層になっています（131ページ参照）。それも、4層からなる単純な構造をしています。

まず、最も外側で、外界と接している層の中に「感覚器官」の5つの心あります。

第1番目の心……物を認識する眼↓**「視覚」**

第2番目の心……声を認識する耳↓**「聴覚」**

第3番目の心……香りを認識する鼻↓**「臭覚」**

第4番目の心……味を認識する舌↓**「味覚」**

第5番目の心……触ることで認識する肌↓**「触覚」**

この5つの心が私たちの最前線の機能をつかさどり、外界から情報を内部に伝達していくのです。

この外界と接する第1の層が第2の層に伝達します。第2の層には第6番目の心の

「意識」が存在します。

「意識」は5つの感覚器官で得た情報を理解する心です。たとえば「赤い帽子をかぶった私の知っているAさん」というように、視覚情報が伝達されて理解するという仕組みです。

同じように、「耳からは言葉や音楽」「鼻からは味噌汁や花の香り」「舌からはジュースやステーキの味」「肌からは触ってみて硬いとか軟らかい」など、第2の層、第6番目の心に伝達され理解されるのです。

「意識」は第3の層に理解したものを伝えます。第3の層には第7番目の心が存在しています。この第7番目の心は「好き嫌い」というように、第6番目の心からの認識情報を色分けして判断する心です。

「視覚」からは第6番目の心で認識された情報を好き嫌いの感情で判断します。「あの赤い帽子をかぶったAさんは今日は華やいでいるけど、私はあのちゃらちゃらした態度が嫌いよ」というように感情的にとらえる心です。この第7番目の心は**「感情」**です。

さて、その奥の第4の層は、生まれてから現在までの行動や言葉や心で思った善い

心は「4つの層」と「8つの心」からなる

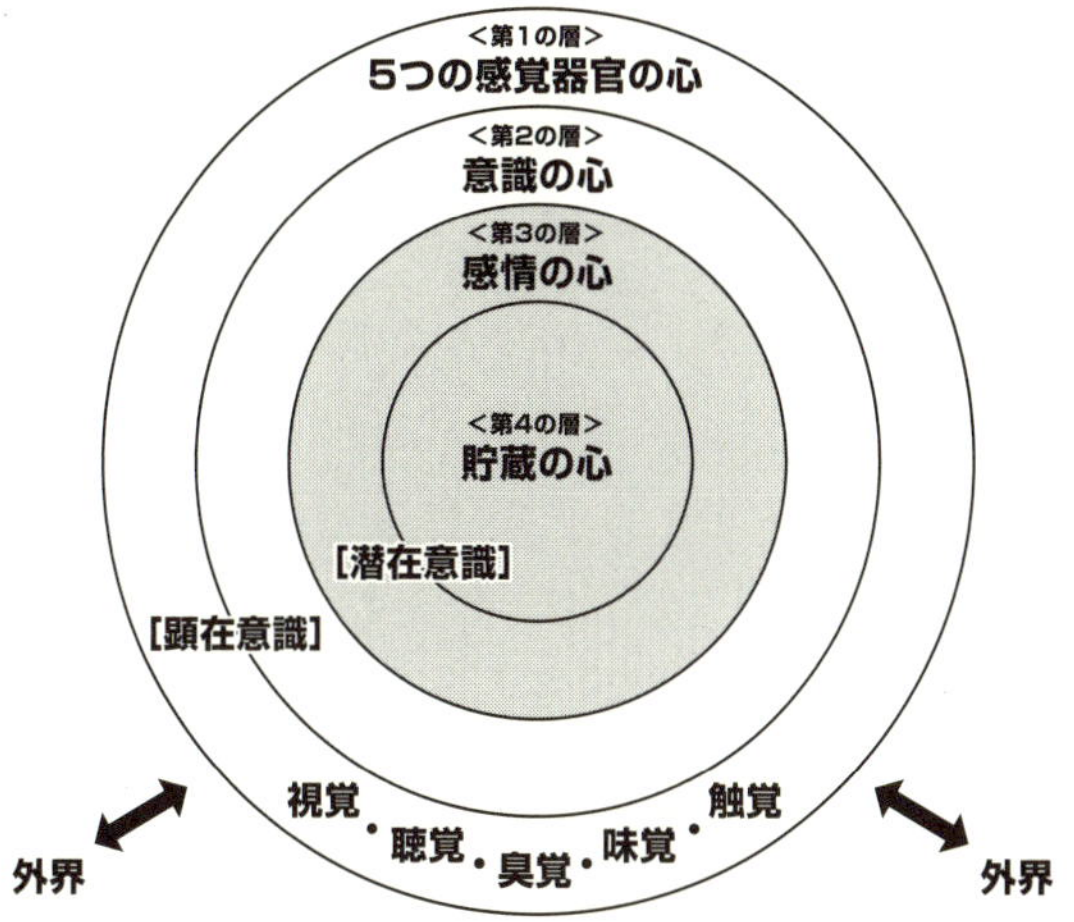

行為、悪い行為、善くも悪くもない行為を種子として宿している、いわば「倉庫・貯蔵庫」のような心です。

そしてこの第4の層に宿っている第8番目の心は、あなたの親やその先の祖父母などの行為も宿しているといわれます。

つまり、DNAも宿しているということです。この第8番目の心を**「貯蔵」**の心と名づけましょう。

以上、これがあなたの「心の構造と機能」です。

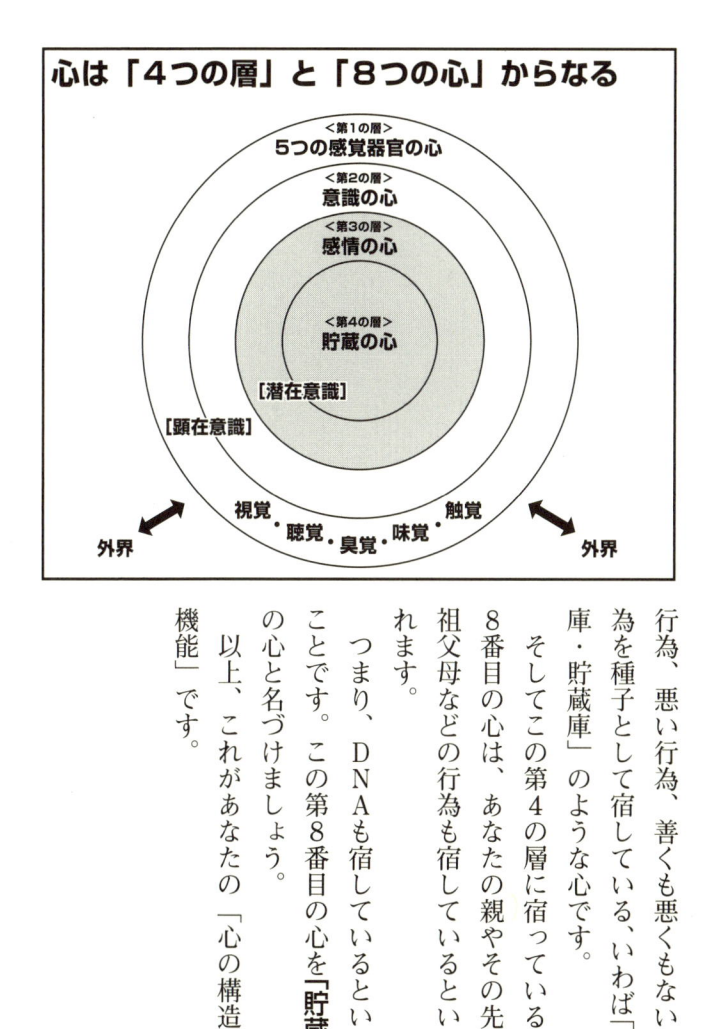

3. あなたの心は「感情」によって支配されている

「心の構造と機能」はわかりました。

では、あなたの行動は心のどの部分が大きく作用しているのでしょうか？　そのメカニズムを考えてみましょう。

まず、第2層に存在する「意識」という心は顕在意識といって、外側の第1層の感覚器官の5つの心からの情報を理解し、第3層の「感情」の心を制御し、正しい判断を下しているのだと考えるのが普通です。

たとえば、あなたが今こうして本を読んで判断している心のメカニズムは、目から入った情報を第2層の「意識」が第3層の「感情」を制御して、本の内容を理解しているという流れです。

しかし、これは大きな間違いです。人間の心はそれほど単純にはできていません。

実は、あなたの心は第3層の「感情」の心が主導権を握り、支配しているのです。

つまり、司令塔の役割を果たしているのは、顕在意識の第2層ではなくて、潜在意識である第3層なのです。

そして、やっかいなことに「感情」の心は「意識」を理解することも制御することもしないのです。つまり、あなたの「感情」の心がひとたび暴れだすと手がつけられなくなってしまうのです。

あなたも感情に左右された経験はあるでしょう。つまり、「感情」の心は第２層の「意識」の心などに最初から聞く耳など持っていないのです。

そのうえ、もっとやっかいな問題があります。潜在意識下にある「感情」の心は、闇の帝王がごとく第４層の「貯蔵」の心も眺めているのです。「貯蔵」の心とは、人間が誕生してから現在までの善い行為、悪い行為、そのどちらでもない行為のあらゆるものを種子として貯蔵しています。

つまり、この第４層にはその人自身の経験でしか存在しない世界が作り上げられているのです。この自分だけの世界を通して「感情」の心が「意識」に命令し、感覚器官を動かし行動しているのです。

わかりやすく言うと、過去に熱いやかんを触ってやけどしたという経験が悪い行為とされて第４層に貯蔵され、「やかんは触ると熱い」という感情が意識に宿ります。すると、熱くないやかんでも、とっさにやかんを持たなければならない状況になったとき、感覚器官である手は一瞬触ることを躊躇《ちゅうちょ》してしまうのです。

こう考えると、あなたは「感情」の心の奴隷となって行動を支配されているということがわかるでしょう。

「そんなことはない。私は今まで自分の理性で感情を抑え、正しく外界と接している」という反論もあるでしょう。

そのとおり。この「感情」の心というものは、日常生活の中では「借りてきた猫」のようにおとなしく静かにしているのです。

しかし、ひとたび他人の目が届かなくなったり、損得勘定がからんできたりすると、「感情」の心はギラギラと光り出し、牙をむき出しにして欲望を達成する行動を起こすのです。

具体的には、仲の良かった兄弟・姉妹が遺産をめぐってみにくい争いになるというのが典型的な例です。

4．人間の心が持つ特性をマンダラで映像化

「心の構造と機能」とそのメカニズムから、「あなたの心が世界を作り出している」という真理がおわかりいただけたと思います。

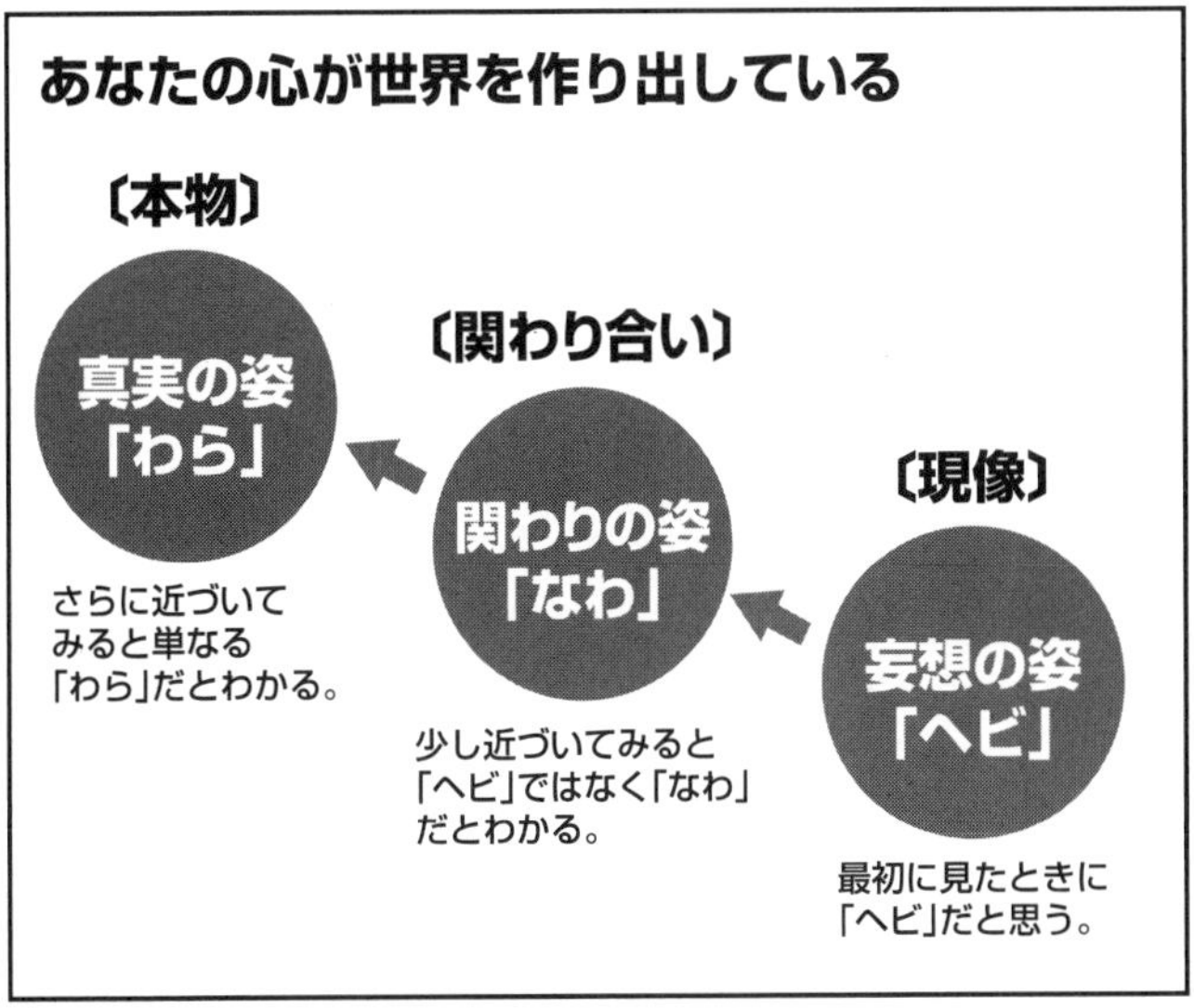
あなたの心が世界を作り出している
〔本物〕
真実の姿
「わら」
さらに近づいて
みると単なる
「わら」だとわかる。
〔関わり合い〕
関わりの姿
「なわ」
少し近づいてみると
「ヘビ」ではなく「なわ」
だとわかる。
〔現像〕
妄想の姿
「ヘビ」
最初に見たときに
「ヘビ」だと思う。

ですから、この世に外界などは存在しないということなのです。あなたの心がこの世界を作り出しているのです。

あなたは、「なわ」を見て、「ヘビ」と錯覚して、驚いた経験はありませんか？

ヘビなんかそうそう見かけるはずがないという方は、台所で〝ゴキブリ！〟と思ってよく見たら、「ゴミくず」だったという経験ならあるのではないでしょうか。

私たちはこれを簡単に錯覚と片づけてしまうでしょう。

しかし、今から１６００年前、ブッ

ダの3世代のちの、大乗仏教の弟子のインド人バスバンドゥ（世親《せしん》）は、本当は〝なわ〟であり、もっとよく見れば〝わら〟を〝ヘビ〟と見るのは、決して錯覚ではなく、その人には、そのときは本当に〝なわ〟が〝ヘビ〟に見えたのだと理解しました。そして、こうした真理を次のようにたとえました。

「人が河と見ているものも、魚は道路や家と見ている」

つまり、私たちはこの世を自分の好みに合わせて見て、自分で自分の世界を作っているというのです。

人間の心が持っているこの特性を、バスバンドゥは「ただ意識のみ」ということで、「唯識《ゆいしき》」と名づけたのです。

マンダラを活用しないと解決できない「この世」と「心」の統合

ここまでで「マンダラ構造」が出現しなければならない条件を2つ述べました。

第1条件は「この世は実体がなく、他者との関わり合いで出現する【相互依存の原則】から成り立っており、それにはマンダラ構造が最適であるということ。

第2条件は「心の構造と機能」は潜在意識の「感情」の心に指導権を握られていて、その感情は自分自身の経験が作り上げた世界である「貯蔵」の心と結託して「意識」「感覚器官」が行動を決定しているということ。

以上を考えると、私たちが【相互依存の原則】に従い自己実現に向かうためには、心の中の第4層と第3層、「貯蔵」と「感情」の心のつながりを断ち切る必要があります。このときに有効な手段が「マンダラ構造」を活用するということなのです。

この結果、第2層の「意識」が「感情」の心を制御できるようになるのです。


私たちはふだん気軽に行動していますが、その行動には必ず「原因」と「結果」がともないます。結果がうまくいったということもあれば、うまくいかなかったということもあります。

では、いつもうまくいかない人はどうするのでしょうか？

おそらく悩むことでしょう。「どうして私は目標を実現できないのだろう。こんなに頑張っているのに」と。

まさに第2章で述べた「他者依存」や「自己依存」になってしまっている人の悩みの原因は、実は「心」にあったのです。この世は実体のない「空」ですので、あなたの一挙手一投足でいかようにも変化してあなたの前に出現します。

つまり、あなたの行動という原因が結果として現実となっているのです。

しかも、その心は第3層にある7番目の「感情」の心に支配されており、損得勘定で価値判断をしますから、理性的な第2層にある6番目の「意識」の心は汚染され、それとともに外界に接する感覚器官の5つの心も損得で行動してしまうのです。

他者はそうしたあなたの行動をすぐに見破り、無残な結果を贈り物として提供します。人間は自分の行動が正しいかどうかを判断することが不得意な動物です。そのため、あなたの行動、つまり原因から発生した結果を判断するには、あなたに対する他者の行為によって判断するしかないのです。

だからこそ行動の基軸となる目標設定に「マンダラ思考」を活用するのです。「中心核を持つ3×3の9マス」に【相互依存の原則】に従った目標を設定して、「感情」の心を自己中心の損得勘定から相手に利益を与える行動に変えていくのです。

マンダラ思考は、この【相互依存の原則】を知らず知らずのうちに展開し、おのずと原則にのっとった行動を生み出してくれるのです。

マンダラは今から１２００年前、仏教の開祖ブッダから数えて4代目に当たる密教の弟子たちによって開発されました。私たちの考え方と行動を正しく導く、目に見える手法なのです。

なお、マンダラについては１４５ページのコラムで簡単に解説していますので、興味のある方は読んでみてください。

マンダラは人間の「脳」と「心」を結びつける

1．「脳」と「心」は同じか？

人間の「心の構造と機能」がわかった今、あなたは「心」と「脳」の関係がどうなっているのかと感じているでしょう。

最近は「脳」が大変脚光を浴びています。東大医学部名誉教授の養老孟司先生の「分かりやすい『脳』のシリーズ」や娯楽機器メーカーがパソコンにまで組み込んで脳を活性化する商品を発売しているくらいです。

感覚的に、「脳」というと何か科学的な感じがし、「心」というと情緒的な感じがします。現在では脳科学も発達し、脳が心を生み出しているというくらいは理論的にわかるでしょう。

現在でも「脳」と「心」は同じか異なるかで論争しています。

しかし、脳と心は同一のものだと考えていい証拠があります。その前に、脳の構造について簡単に触れておきましょう。

ポール・Ｄ・マクリーンというアメリカの脳科学者がいます。この脳科学者は「人間は爬《は》虫《ちゅう》類の反射脳と哺乳類の情動脳と新哺乳類、つまり人間の理性脳」の３つの脳のバランスのうえに成り立っているということを１９６８年に発表しました。

つまり、人間の脳には「ワニの脳」と「ブタの脳」と「人間の脳」が共存し、バランスを保つことにより人間を人間たらしめていることを解明したのです。それではこの３つの脳はどのような特性を持っているのでしょうか？

第１の脳は「小脳」＝「ワニ（爬虫類）の脳」です。

小脳は「中枢神経」と「自立神経」とに直結している生命維持に重要な脳です。役割は「巣作り行動、つまり家庭を持つ行動」「なわ張り行動、つまり権力への意思」という特性を持っています。

第２の脳は「中脳」＝「ブタ（哺乳類）の脳」です。

中脳は「大脳辺縁系」といい「情動をつかさどる扁桃体」や「認知記憶・短期記憶をつかさどる海馬」を含み脳幹に直結しています。「情動の脳」は「欲望・憎しみ・恐怖・悲しみ・悦び・愛情」の個人的主観的行為を持ち「情動的行動」という特性を持っています。

第３の脳は「大脳」＝「人間（新哺乳類）の脳」です。

大脳は「大脳新皮質」であり、膨張と分化を重ねて人間の脳の大部分を占めています。機能として、第１には視聴覚、触覚、味覚、臭覚との密接な関係から人間を取り巻く外部世界に向けられた器官を有していることです。第２には、人間のさまざまな主観的、心理学的状態を〝言語によって表現〟する神経機構を持っています。

そして驚くことには、人間の理性脳である「大脳新皮質」＋動物の「情動脳」＝「創造機能の獲得」という機能を備えているということです。

大脳の機能は左能と右脳に別れます。左脳は「言語認識・論理的思考・計算・じっくり計算・潜在意識活用」などの能力を有しています。右脳は「イメージ記憶・直感・ひらめき・創造性・瞬間記憶」などの能力があります。

現在の科学はここまで「脳の構造と機能」を解明しています。そして、今後ますます脳の構造と機能は解明されていくことでしょう。

2.「脳」は「マンダラ構造」と同じだった

先ほどの説明で、「心の機能と構造」がマンダラによって表されることがわかりました。それをもう一度整理してみます。

まず、外界と接する「眼・耳・鼻・舌・肌」の5つ感覚器官の「心」があります。この感覚器官からの情報を認識する「意識」、この意識を好き嫌いで判断する「感情」、そしてその奥に過去の行為を種子とする「貯蔵」の心がありました。

この構造をポール・D・マクリーン博士が解明した「脳の構造と機能」と比較してみましょう。

	「心」の構造と機能			「脳」の構造と機能
発見年	西暦5世紀	↓	↑	西暦20世紀
発見者	ヴァスバンドウ（世親）	↓	↑	ポール・D・マクリーン博士
Ⅰ.	5つの感覚器官	↓	↑	5つの感覚器官
Ⅱ.	第6番目の心「意識」	↓	↑	大脳・理性脳
Ⅲ.	第7番目の心「感情」	↓	↑	中脳・情動脳
Ⅳ.	第8番目の心「貯蔵」	↓	↑	小脳・反射脳

時代、文明、文化、社会環境が異なる中で、「心」と「脳」の構造と機能の解明がこれほど似ているのは、まさに驚きとしか言いようがないでしょう。

しかし脳というものは、10万年以上も前にホモ・サピエンスが誕生してから現在に至るまで変化していないそうです。ブッダの弟子たちが「瞑想（ヨガ）」を駆使して「心」を解明したことも、現代の脳科学者が近代的手法を使って「脳」を解明したことも同じだったわけです。

つまり、「脳」＝「心」＝「マンダラ構造」だということが言えるのです。

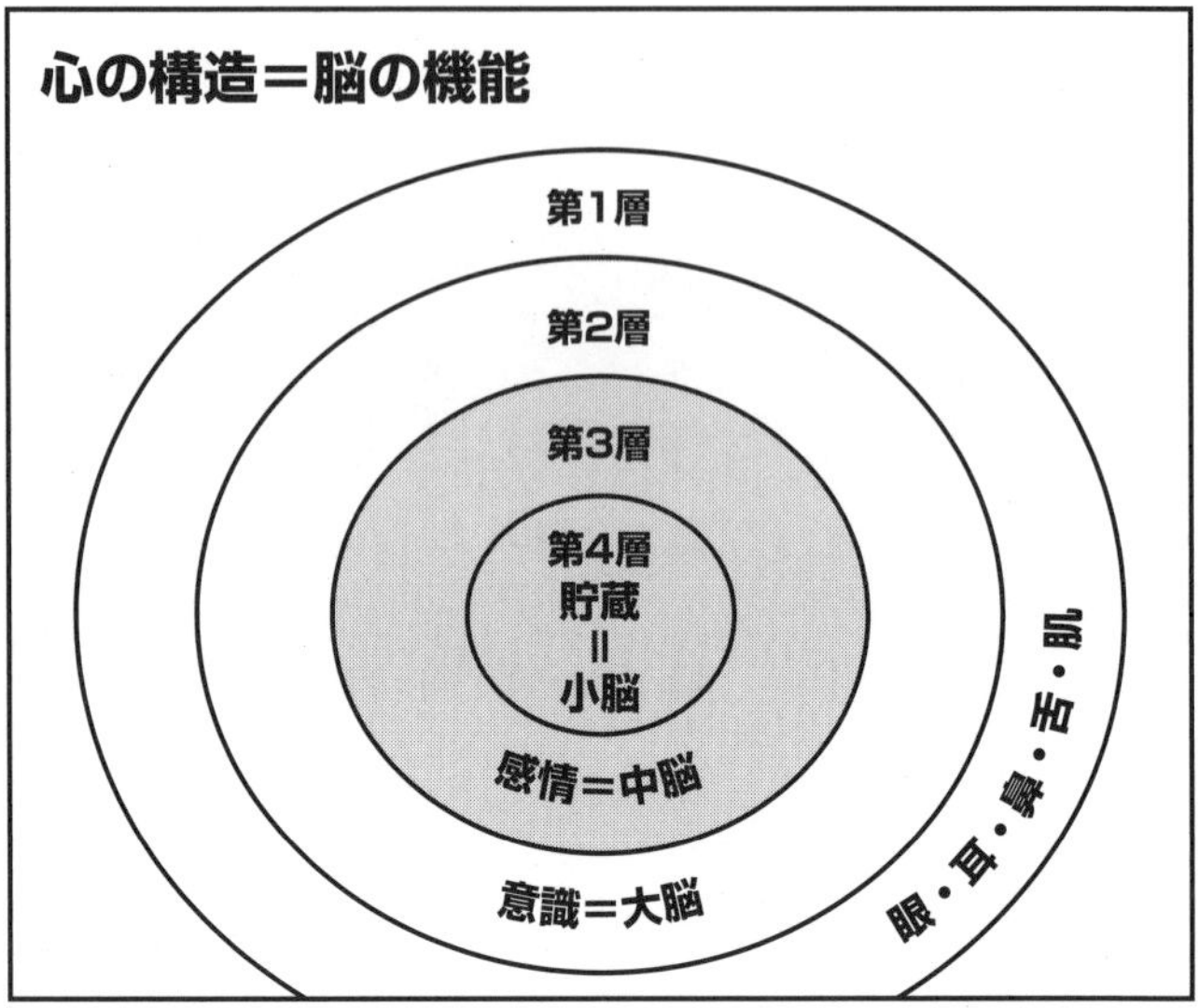

心の構造＝脳の機能

21世紀は、「心の時代」「脳の時代」といわれる中で、両者の発見が共通の構造と機能を備えていたという事実は大変興味深いものです。

マンダラの心の解明が脳の開発に、脳科学による脳の解明が心の開発に応用できるということは、豊かな人生・ビジネスを探求する、21世紀に生きる私たちにとってさらなる広がりを見せてくれるに違いありません。

コラム　マンダラとは何か？

マンダラとはサンスクリット語で「マンダ（ｍａｎｄａ＝本質・真髄）＋（ｌａ＝所有）」からできた言葉で、「本質を所有したもの」「悟りを完成した境地」という意味です。構造は「中心核を持つ9マス」が基本です。

マンダラには「胎蔵界《たいぞうかい》マンダラ」と「金剛界《こんごうかい》マンダラ」という2種類のマンダラがあり、「胎蔵界マンダラ」は【相互依存の原則】を映像化したもの、「金剛界マンダラ」は心の構造と機能を映像化したものです。

共に弘法大師・空海が、中国の唐王朝の時代の西暦８０４年に持ち帰ったものです。現在でも、京都駅から20分くらいのところにある「東寺」で見ることができます。「胎蔵界マンダラ」と「金剛界マンダラ」は幅４メートル四方の掛け軸になっており、法具として現在も活用されています。

さて、ここでは紙面の関係上、【相互依存の原則】を映像化した「胎蔵マンダラ」についてのみ触れていきます。

１４７ページに「胎蔵界マンダラ」をわかりやすく示した図がありますが、

これが「中台八葉院《ちゅうだいはちよういん》」と呼ばれているものです。「中心に萼《がく》を持つ8枚の花びらをレイアウトしたハスの花」をかたどっています。上が東で下が西、左が北で右が南となっています。

中心に位置するのが宇宙の真理をつかさどる「大日如来《だいにちにょらい》」です。そして、「東・西・南・北」に悟った人、つまり如来が配置され、その四隅には悟るために修行している人たちつまり「菩薩」が配置されています。

「胎蔵界マンダラ」は【相互依存の原則】を映像化したものです。想互依存を具体的にあなたが実践すると、6つの行為となります。

第1の行為は「相手が喜ぶものを提供すること」です。これを『布施《ふせ》』といいます。

第2の行為は「相手に対し約束を守ること、不正をしないこと」です。これを『持戒《じかい》』といいます。

第3の行為は「相手があなたの好意を無視しても、腹を立てず忍耐すること」です。これを『忍辱《にんにく》』といいます。

第4の行為は「相手が幸せになるように実践活動をすること」です。これを『精進《しょうじん》』といいます。

第5の行為は「相手と常に穏やかに接するために、心を平常心に保つこと」です。これを『禅定《ぜんじょう》』といいます。

最後の第6の行為は「善悪を見分けることができる行為」です。これを『智慧《ちえ》』といいます。

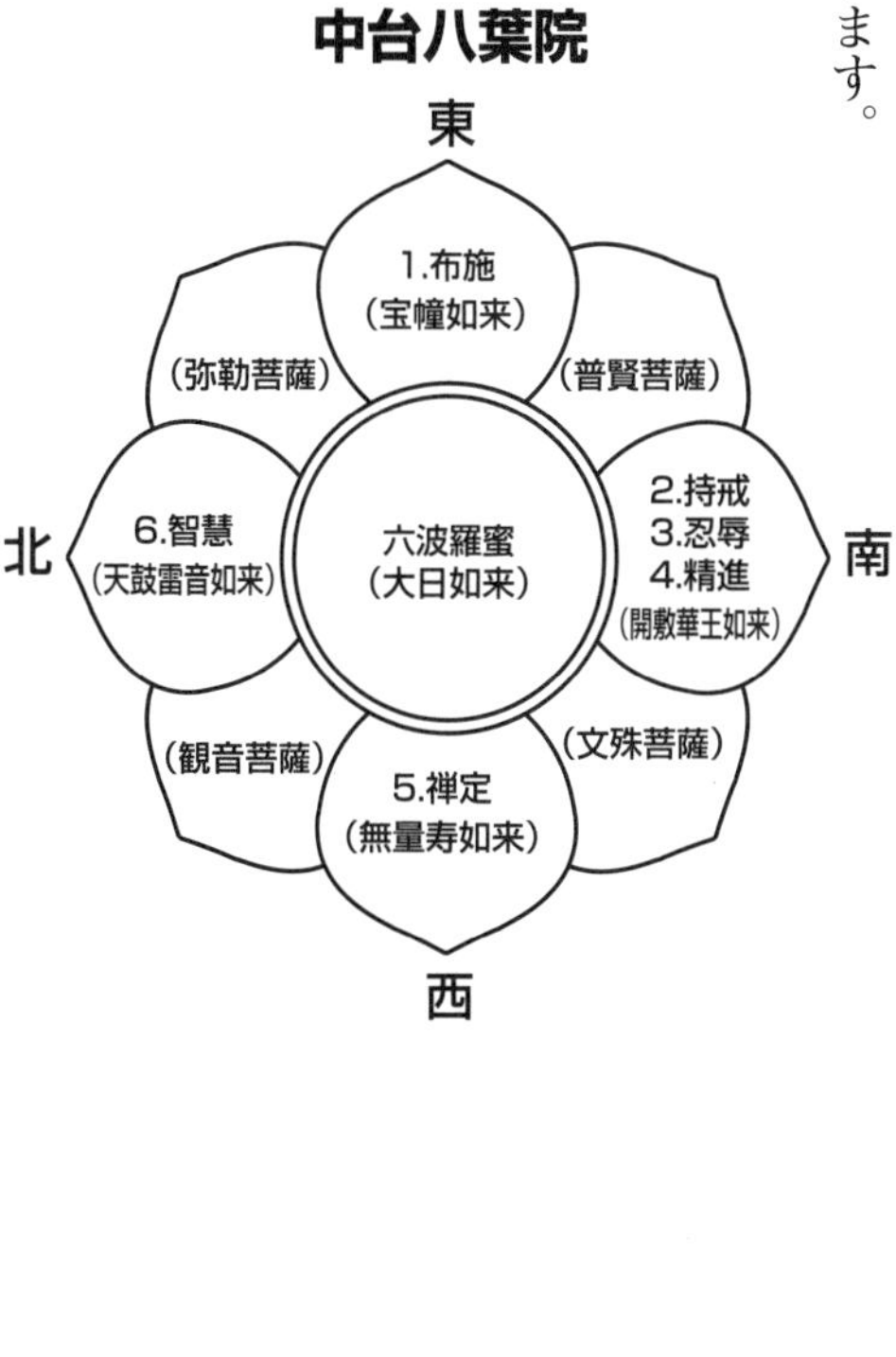

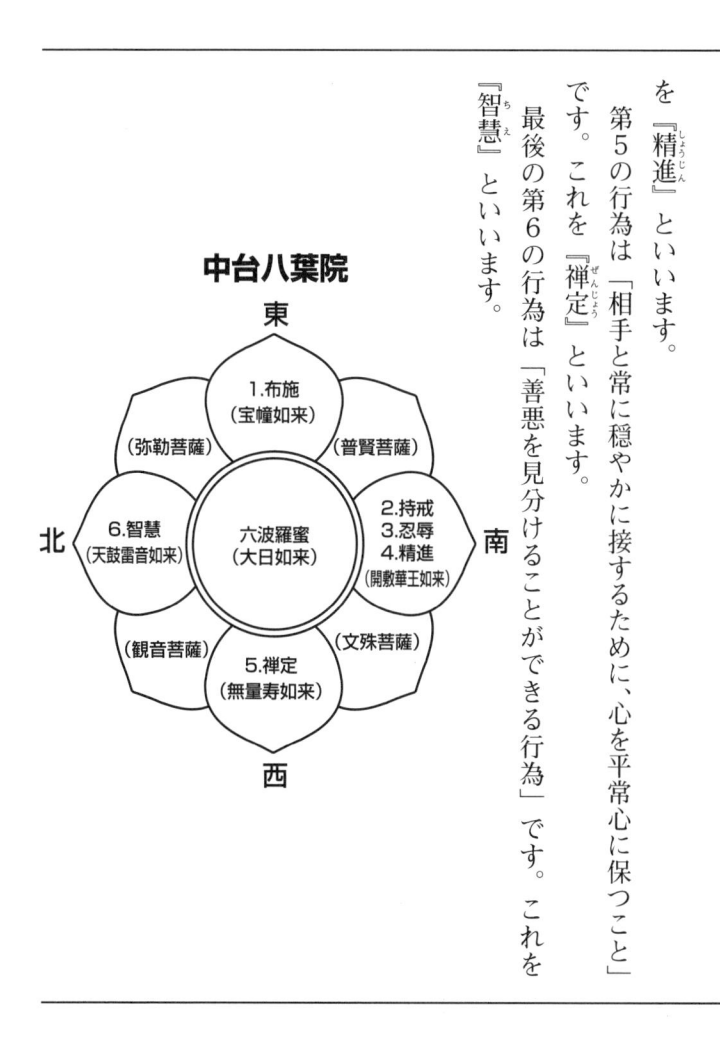

すべて【相互依存の原則】を〝相手を幸せにする具体的な6つの実践活動〟に転換して表現したのです。この6つの行為のことを『六波羅蜜《ろくはらみつ》』といいます。21世紀に存在する私たちが周囲の人たちに実践するための大切な行為です。この行為のことを『利他行《りたぎょう》』（他者に利益を与える行為）といいます。京セラの稲盛和夫名誉会長も、この利他行を説き、実践することで成功を収めた方の1人です。

この「6つの実践」を東西南北に配置された如来たちに配当するのです。

上段中央の宝幢如来には「第1実践の布施」を配置します。宝幢《ほうどう》如来の姿は右手を〝どうぞ〟という表現をしています。

南に位置する「開敷華王《かいふげおう》如来」には「第2〜4実践の持戒・忍辱・精進」を配置します。開敷華王如来の姿は〝右の腕を脇腹につけ、手のひらを下に向けて相手に対して開き、あなたのために危害を与えるのでなく「持戒・忍辱・精進」します〟という表現をしています。

次は下段中央の西に位置する「無量寿《むりょうじゅ》如来」はそのものズバリ「第5の実践の禅定」の姿勢を表現しています。そして、左側の中央の北に位置する

「天鼓雷音《てんくらいおん》如来」は〝右手を大地に接し〟、悟りの真髄である「第6実践の智慧」を表現しています。

そして、東南には「普賢《ふげん》菩薩」を配し、宝幢如来が実践する「第1実践の布施」の行為に協力します。南西には「文殊《もんじゅ》菩薩」を配し、開敷華王如来の実践に協力します。北西には「観音《かんのん》菩薩」を配し、無量寿如来を推進します。北東に位置する「弥勒《みろく》菩薩」は天鼓雷音如来の智慧の推進に協力をします。

このようにして、「胎蔵界マンダラ」は「相互依存の宇宙の原則」を見事に映像化することに成功したのです。

脳に直結、自己実現を具体的な形にした手帳術

これまで、マンダラ思考をもとに「人生計画」「ビジネス計画」を立て、時間管理から行動管理に変える「年間先行計画」「月間企画計画」、そして、実際に行動に変え

るための「週間行動計画」「日間実践計画」を考えてきました。

冒頭でも少しお話ししましたが、これらを１冊で管理するツール、それが「マンダラビジネス手帳」です。

マンダラビジネス手帳には多くの効果がありますが、最も効果的な活用法は本書の流れに沿って目標・計画を立ててスケジュールに落とし込み、実践・行動していくことです。そして、この手帳１冊であなた自身を自己管理していくことです。

①「人生計画」をマンダラ思考で立案し、実践する
②「ビジネス計画」をマンダラ思考で立案し、実践する
③1年先から現在を見る「年間先行計画」を立て、実践する
④「月間企画計画」を企画・開発型で立案し、実践する
⑤「週間行動計画」をマンダラ思考で立案し、実践する
⑥「日間実践計画」を週間行動と関係性を持って立案し、実践する
⑦「人生計画」「ビジネス計画」「年間・月間・週間・日間計画」の仮説・検証をする（CAPDサイクル）

⑧ マンダラビジネス手帳1冊で「一元管理」する

以上のように、８つの体系化されたマンダラビジネス手帳のプログラムに沿って、立案・実践すると、あなたの人生・ビジネスは確実に向上します。

この１冊ですべてを自己管理できる機能は、ほかの手帳にはない特長です。

計画・目標は立てて行動したら、それをチェックしなければ意味を持ちません。計画・目標は行動により初めて検証されます。行動は正しかったのかどうか、もしかしたら、計画・目標そのものを見直す必要があるかもしれません。どちらにしても必ずその結果を確認し、改善策を練り、実行することが必要です。

目標を設定し、行動計画を立てて実行し、チェックし改善策を考え、さらに目標を設定することがこの１冊でできる「一元管理」とは、あなたの「脳」がこの手帳の中に凝縮された形なのです。

マンダラビジネス手帳の活用手順

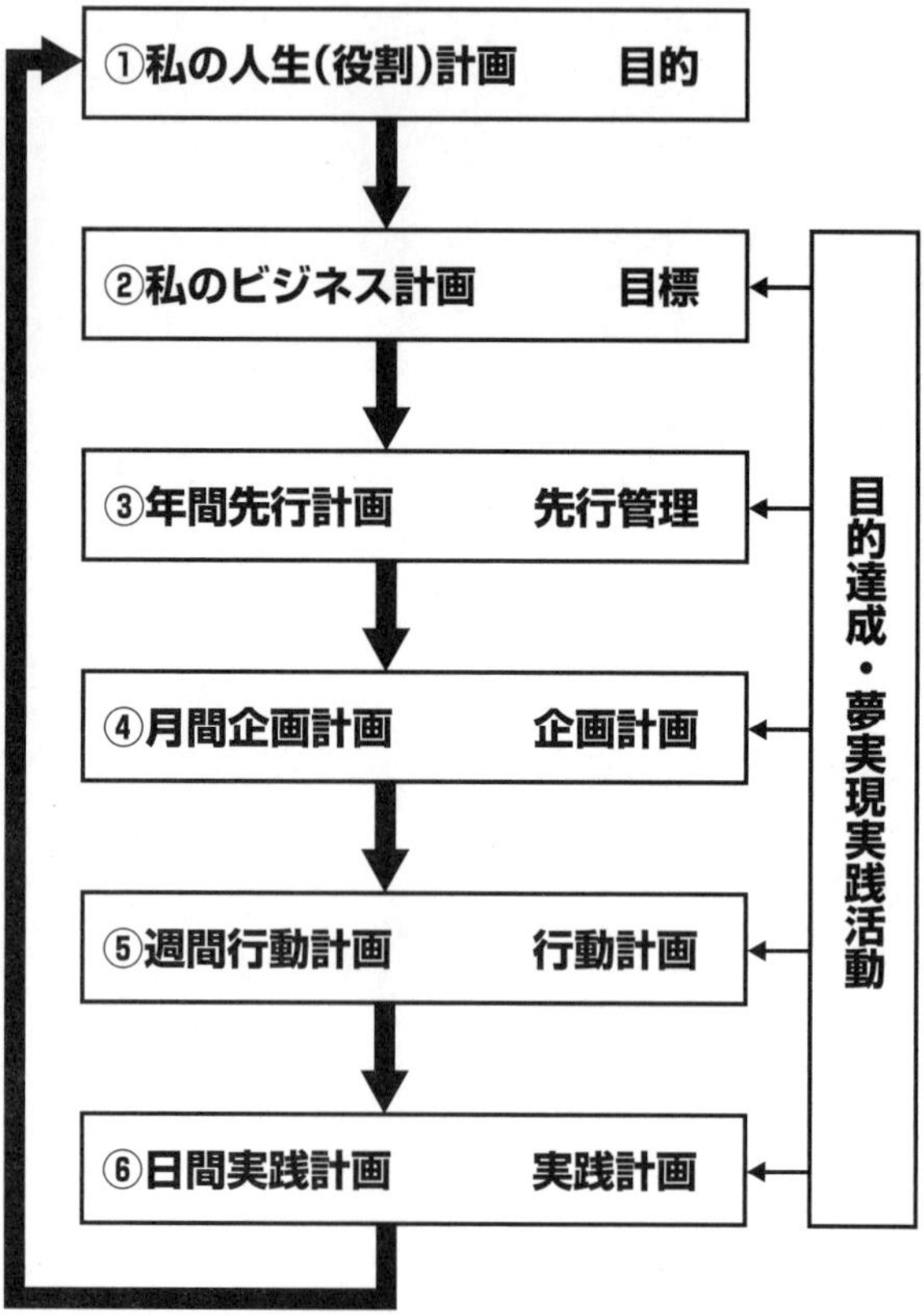

第7章

マンダラ思考が"ひらめき"と"アイデア"を生み出す

「3×3の9マス」が持つパワー

マンダラ思考の最大の特長である「中心核を持つ3×3の9マス」のマトリックスは「全体と部分との関係性とバランス」を1枚で表現できる、すぐれたチャートであることは脳と心の構造からもおわかりいただけたと思います。

つまり、人は同時多方向にマンダラ的に思考します。

マンダラ思考は混沌《こんとん》を整理し、具体化して鮮明化します。鮮明化された意識は顕在意識から潜在意識に刻まれ、行動に向かい、目標実現に向かうというわけです。この特長を生かして、「人生計画」「ビジネス計画」「週間行動計画」「日間実践計画」に活用しているのです。

ですから、このチャート自体はプロローグで紹介したマインド・マップのように、ひらめきやアイデアを引き出すツールとしても使うことができます。基本的な使い方

MY法　マンダラチャート®

date：　／　／　（　）

F	C	G
B	テーマ	D
E	A	H

●メモ欄

はマンダラチャートの中心核にテーマを入れ、その周りにテーマに必要な要因を記入することです。テーマを具体化し、実用化へと導きます。

これはほかにもいろいろな用途に有効に応用できます。具体的には、情報整理・発想整理・講演記録・会議記録・プロジェクト企画などです。また、打ち合わせのときも、このマンダラチャートを使うと新しいアイデアが浮かんできます。

マンダラチャートが〝ひらめき〟をもたらす

私のところによく、マンダラチャートを使うとひらめきが起こるという声が届きます。問題に突き当たり、解決することができず、「うんうん」うなっていることが、マンダラチャートを活用していると、脳がその答えを教えてくれるというのです。

マンダラチャートを採用している団体にＩＴコーディネータ協会というところがあります。クリエイティブの先端をいく彼らがひらめきやアイデアを生み出す場所は、何を隠そう、このようなアナログなチャートなんです。

彼らはマンダラチャートが「脳」にやさしく、柔軟な発想ができることを知っているのでしょう。どうも、「脳の構造」と「マンダラ」は良好な素晴らしい関係にあるように思われます。これがひらめきを次から次へと生み出すのです。

マンダラの効果を説き、それを活用した人物がいます。精神医学者ユングです。

彼は精神分析の創始者フロイトと袂《たもと》を分かってから、激しい精神的スランプに陥りました。そのとき、毎朝ノートに小さな円形の絵、マンダラを描いていました。それを眺めながら自分自身の心の内面に向き合い、スランプを脱出したといいます。

その後、彼の患者に自分の世界を絵に描いてもらったところ、彼の場合と同じようにマンダラの形が現れることに気づきました。中心核からすべてのものが秩序だって（無秩序・対立・不結合のものも）同心円状に配置されていたのです。

つまり、マンダラは困難に遭遇したり、葛藤に苦しんでいるときに現れ、同時にそれを癒す助けとなることを見出したのです。

ユングがマンダラの効果を発見した当時には、彼はサンスクリット語の「円」という意味で使っていましたが、その後10年ほどして仏教におけるマンダラを知るようになります。さすがユングの洞察力は鋭いですね。

このことは、ひらめきとは関係ないように見えますが、私はそうではないような気がします。

ユング自身、フロイトという偉大なる精神分析の創始者と袂を分かつということは、喧嘩別れをしてしまったということですから、その後、精神医学界で生きていくうえで重大な岐路に立たされたと思います。問題は次から次へとユングの頭をよぎったことでしょう。

それを解決したのがマンダラだったのですから、その後の偉大な業績、治療法として「マンダラ」を活用して成果を上げたという実証例も含めて、ひらめきの結果だったのではないでしょうか。


ひらめきは決して偶然のものではなく、あなたの脳は実はすべてを知っているのです。あなたの成功の方法も、失敗の方法も……。脳は「主人である」私たちが貯蔵（アーカイブ）しているさまざまな記憶の中から、あなたの現在の問題解決に必要な解答を用意しているのです。

しかし残念ながら、その答えを引き出す手法を知らないため脳も悩みますし、それ以上にあなた自身が悩んでしまうのです。

「中心核を持つ３×３の９マス」のマンダラは、これを引き出す最強のワクワクシステムなのです。脳はマンダラで思考をめぐらし、脳からのひらめきという指令によって、私たちはその利益を得ることができるのです。

マンダラ思考は〝セレンディピティ〟も呼び込む

セレンディピティとは「偶然の発見」とか「予期しない幸運にめぐり会う能力」とか「思わぬところからいいものを得ること」という意味で、最近耳にする言葉ではないでしょうか。

この言葉は「セレンディップ（今のスリランカ、昔のセイロン島）の３王子が王にあるものを得るように命を受けて冒険を重ねるが、そのたびに工夫をして戦い成長していった。結局求めたものは得られなかったが、その代わりに良いものを得た」という童話で使われたセレンディップが語源だそうです。

童話では、成長や智慧を旅の過程の偶然で得たのですが、偶然が発明や発見を生んだ話は枚挙にいとまがありません。

リンゴが落ちるのを見て「落ちる」とは思わず「引っ張られた」ととらえて「万有引力」を発見したニュートンの話、お風呂に入っているとき、あふれるお湯を見て王冠の混じりものの有無を見分ける方法を発見したアルキメデスの話などは有名です。卑近な例では、田中耕一さんが失敗した試薬を使って実験した結果発見にいたってノーベル化学賞を受賞した話など。

偶然といいましたが、ただの偶然ではないことは周知の事実です。つまり、究極まで考え求め続けた結果で、ある意味必然だったということです。

これは〝ひらめき〟も同じです。

「偶然」「幸運」は出会うというより、必然的に呼び込まれるということでしょう。

呼び込みやすくするためには、大きな3つの要因があると思います。

1. 固定観念を取り払う

物事を固定的にとらえないということです。言い換えれば、人々の関わりで存在するものは実体がないという意識を持つことです。

１人の女性も関わる人次第でさまざまなとらえられ方をします。コップも水を飲むだけのものではありません。女性は「可愛い妻」、コップは「水を飲むもの」と固定した考えを持っていると、目の前の現象も違う角度から見ることができません。

つまり、新たな発想を生むかもしれない現象を固定観念が邪魔をするのです。「○○は○○するもの」と決めつけては新たな発見はできません。

固定観念を取り払えば、今起こっている現象からヒントを得られ、創意工夫ができるようになります。マンダラの特性として「実体がない」ということから出発することです。この考え方が固定観念を取り払って自由な発想をうながし、見慣れた現象からも新たな発想を生み出すのです。

マンダラ的な発想はセレンディピティを呼び込む可能性を高くします。

2．視点を変える

「子供の視線になっている」とテーブルの下にもぐっているコマーシャルがあります。目線が変わると同じ部屋でも違ったように見えます。同じ事態でも視点を変えれば考え方も変わるということです。マンダラは全体を鳥瞰できるチャートです。まさに「鳥の目」といってもいいでしょう。

同時に、マンダラは周囲のマス、部分から全体を見ることができます。これは「蟻《あり》の目」と考えられます。同じ事柄でもまったく見え方が違ってくるのです。全体と部分が見えれば、関係性やトレンド（＝流れ）をとらえることができます。これは「魚の目」といえます。

それぞれ異なった視点で見れば、同じ環境でも、違った発想が生まれ、違ったものを発見し、出会うことができるということです。マンダラは視点を変えたとらえ方ができるので、今必要としている情報や現象にめぐり会う可能性が高くなります。

3．脳に刻み込む

脳に刻み込むほど強烈でなくても、何かに意識を持つと、とたんにそれまで気がつかなかった自分の欲しい情報に出会うという経験は、あなたにもあると思います。

たとえば、「ウィーンに行きたい。ウィーンに行こう」と思ったとします。とたんにテレビでも特集をするし、新聞でも広告を見かけるし、ウィーンに行ったという人が自分の周囲に現れたりします。

「偶然だなぁ」と思うでしょう。でも、今までも同じように情報はあふれていたのです。

しかし、意識を持つと宇宙にアンテナを張り出した状態になり、吸い寄せられるように情報や人や物が集まってくるのです。これは「偶然」ではなく「必然」で、これもセレンディピティです。

マンダラ思考によって作られたマンダラビジネス手帳は、マンダラで明確になった目標を繰り返し確認するため、脳に刻み込み込まれます。脳に刻まれるということは常に宇宙にアンテナを張っているということです。目標達成に有益な情報・ヒントはもとより、協力者まで得ることも不可能ではありません。

マンダラ思考と手帳が、あなたに内からは「ひらめき」を生み、外からは自由な発想と宇宙に張ったアンテナで「セレンディピティ」を呼び込むことがおわかりいただけたでしょう。

第8章

マンダラ
チャートで
「人生百年計画」
を立てる

「人生百年計画」が自己実現を可能にする

未来から現在を見て今年度の計画を立案する。

これは、人生・ビジネスを豊かに実現するための重要な原則です。このため、さまざまな手法を用いて、多くの人たちが長期の人生計画構築法を開発しています。代表的な長期人生計画の例は、縦軸左端に年号を若い順に並べ、横軸上段に人生の各分野を並べ、縦軸と横軸で、長期の人生計画を構築する手法です。

これは、机上の展開としては整然と立案できるので、一見良さそうに見えます。実際にあなたの現実の長期人生計画を構築できるのですが、「豊かに実現していく」という条件にはそぐわないシステムです（169ページ参照）。

それでは、マンダラチャートで構築した「人生百年計画」は、あなたの人生・ビジネスを豊かにするために役立つでしょうか？

それが見事に役立つのです。これには多くのメリットがありますが、一番は中心エリアに「あなた自身が存在する」という構造上のメリットです。過去の幼少期にも、現在の世代にも、あなたが100歳になったときにも直接接することができるのです。人生を実践するあなた自身が中心に位置し、周囲に「過去・現在・未来」の関係が見えるため、各世代の関係性が明確に見えてきます。

本当の成功は人生すべてを計画して見えてくる

人はどうして目標を立てた行動を取る必要があるのでしょうか？

それは、人はいかなるときでも行動せずに止まっていることはできないからです。眠っていて意思がないように見えても、心臓は鼓動し、呼吸をし、脳は夢を見て活動しています。

行動するということは必ず目標・目的があるのです。目標・目的がないと人は自分の行動に責任が持てず、それこそ夢遊病者のようになってしまうのです。

たとえば、キッチンにコップを取りに行って、ど忘れして、「私はどうしてキッチンに来たのだろう？」という経験をしたことはありませんか？　なぜ私はここに来ているのか、その目的がわからなくなると人は不安になります。それゆえに、人は行動をするとき、必ず目標・目的を持って行動しているのです。

この思考の延長上に「人生１００年計画」を構築する存在理由があるのです。

1．「過去」は変わるが、「未来」は変わらない

「あなたの過去は変わりますが、あなたの未来は変わりません」

ちょっと衝撃的な言葉です。あなたは過去は消しゴムで消すようなことができないから、しっかり正しく生きなければならないといわれて育ってきたのではないでしょうか。

過去は変わらないという先入観は、絶対的な存在感を持って私たちの脳に植えつけられています。

しかし、過去が変えられないというのは間違いなのです。「今のあなたの状態」で過去はいかようにも変化するのです。「現在が満足のいく状態」だと、あのときの失敗があったから、それがバネとなって今こうして幸せな環境があるのだということに

縦軸型の長期人生計画

	20代	30代
仕事		
家庭		
健康		
経済		

なるのです。

逆に、現在がうまくいっていないような場合は、「あのとき、良いことや喜んだことが裏目に出て、その結果、現在こうして不幸になっているのだ」ということになるのです。

どうでしょうか？　今の状態によって過去はガラリと変わるのです。誰にも過去はありますから、ちょっと考えてみればなるほどと思うでしょう。

それに引き替え「未来は変わりません」とはどういうことでしょうか？

よく「過去は済んでしまったからことだから仕方がない。しかし未来は広々と開かれている」といいますが、このような考えの人にとって未来は過去の延長にすぎず、したがって、残念ながら何も変わらないのです。

なぜなら、そのような人は未来に【他者依存】の気持ちで何か良いことが未来から降ってくるような錯覚を持っているので目標も立てず、その目標実現のために一生懸命努力をしないのです。

このように未来に目標を定め、その目標に向かって行動しないような人は、過去の延長としてマンネリ化した過去と変わらない未来が存在するだけなのです。

2. 人生の終焉が見えれば、人生は豊かになる

人生の終わりを考えるなんて、何か突然不幸なことを言っているようで、人生・ビジネスを豊かにするという趣旨に反するのではないかと思うかもしれません。

人生の終焉《しゅうえん》とは死期のことであり、人が一番忌み嫌うことです。できれば、「死」は避けて通りたいのが人情ではないでしょうか。

しかし、人は必ず死ぬのです。これをどうとらえるかで、あなたの人生は豊かにも惨《みじ》めにもなってしまうのです。「死」は嫌いだから避けて通ろうとか、「人は皆死んで

しまうのか」とむなしくなる必要はないのです。

死は必ずくるのなら堂々と正面から受け止めてしまえばよいのです。その正面から受け止める具体的な手法が「臨終期計画」を構築することなのです。そして、この臨終期を人生8分野でしっかりと計画を立てるのです。

あなたの輝ける未来から8本のロープを現在まで伸ばし、さらに人生8分野という8本のロープをマンダラ思考によってたぐり寄せることで、人生が素晴らしいフィナーレを迎えることになるのです。臨終期の「人生計画」を前もって立てていれば、死を迎える間際になって狼狽《ろうばい》することもありません。しかも、「気力・体力・能力」の十分な「今」のあなたが臨終期の人生8分野の計画を立てるのですから。

では、どう計画すればよいかということになります。ここに「臨終期の人生8分野」のポイントがあるのです。

ズバリ「家庭の分野の臨終期計画」から始めるのです。

あなたはすでに今年の「人生計画」を立てているはずです。今期の人生計画の「家庭」のエリアに焦点を合わせてください。あなたが今計画を立てた〝愛する人〟があなたの臨終のときにも存在しているという条件で、あなたが臨終のとき、あなたの枕元で最期の会話をしている情景を思い浮かべてください。

そのときに、そうした人たちに言う「感謝の言葉」を書き記しておくのです。

たとえば「○○さん、永い間、私を見守ってくれて感謝します。ありがとう」でいいのです。今関係している人に対し、あなたの臨終の際に伝えたい感謝の言葉を今から準備しておくのです。親・配偶者・子供・友人などに対していう言葉です。

この「臨終期」の「家庭」エリアの計画を立案すると、「脳」は賢いですから、すぐさまあなたの対象とする人と良い関係を保たねばならないと反応し、今大切な人とますます良い関係に保つために、行動を開始するのです。

なぜなら、その人たちはあなたの臨終の枕元に出席してもらわねばならない人だからです。

こう考えると、「健康」から「遊び」まで、すべて漠然と過ごしているわけにはいかないということになり、具体的な手立てを構築するようになるのです。

どうせ死んでしまうのだから、「健康」なんかどうでもいいというわけにはいきません。愛する人たちに枕元に集まってもらって感謝の言葉を述べるためには、体力・気力も充実している必要があるからです。

「仕事」はすでに引退しているかもしれません。それでいいのです。現在のあなたが臨終期における仕事のとらえ方を計画として立てておけばいいのです。

「経済」「社会」「人格」「学習」「遊び」も同じように、具体的に、意欲を持って計画していくことができるはずです。

　このようにして、「人生百年計画」の「臨終期」の計画が完成すれば、あとは現在の「A健康エリア」「B仕事エリア」へと未来の計画を構築していくのです。今年の、来年の、5年先の、10年先の、20年先の「人生8分野」が俄《が》然《ぜん》キラキラと光り輝きます。

　あなたの人生は素晴らしく充実したものとなり、あなたの人生・ビジネスは一歩一歩豊かな境地へと進んでいくのです。

「人生百年計画」で新しいあなたが発見できる

「臨終期」の計画を書き終えたら、残りの計画を立てましょう。

「人生百年計画」には2つのタイプがあります。第1タイプは、誕生から現在まで、そして未来の計画へと「過去・現在・未来」型で作っていくものです。第２タイプは、現在を基点として、これから先の人生百年計画を構築するものです。

ここでは、誕生から始まる「過去・現在・未来」の基本型の「人生百年計画」を作成していきます（177ページ参照。このチャートは64マス型でMYチャートB型と呼んでいるものですが、９マスをさらに広げたもので、複雑なものやテーマが多いものに有効です）。

まず、中央エリアの中心にあなたの名前と生年月日を記入してください。

次にAエリアの幼少期に移ります。「過去・現在・未来」の欄の「過去」を丸で囲ってください。今この本を読んでいる方で、９歳以下の人はいないと思いますから、過去のことを思い出して記入していきます。

1の「健康」エリアから始めます。

「健康」はどうでしたか？　健康優良児で表彰された記憶はありますか？　あるいは病気で入院した記憶はありますか？　どうぞ思い出せる順に0歳から9歳、小学校3年生までの健康に関する思い出を記述してください。

「仕事」は小学校3年までですから、戦前の「おしん」の時代でないかぎり仕事はしていないでしょう。ですから両親、または保護者の仕事を記述するとよいでしょう。親の仕事を手伝った経験のある人はそれを書いてもかまいません。

「経済」の欄はこれまた9歳で収入があり、一家を支えるということはなかったと思いますので、お年玉など、どれくらいの貯金があったかなどを記述するとよいでしょう。それとあなたの環境にあった人が経済的に楽だったか、まあまあだったか、苦しい環境であったか、思い出して記述してもよいでしょう。幼少期、お金がもとで苦しくなる人もいるし、苦しい経済環境から成長して、豊かな経済環境を獲得した人もいるからです。

「家庭」は思い出した人に、「何をしてもらったか」を記述しましょう。

「社会」はよく遊んだ「友達」を思い出しましょう。今はどこにいるかわからなくても、幼少期のよく遊んだ友達はいつまでも心の中に存在しているものです。部活動のことなども記述するとよいと思います。

「人格」は、あなたのその期間の「性格」を記述してください。元気で積極的な外向型か、内気で内向型か、自由ですのであなたの性格を分析してください。この性格は期間によって変わってきます。

「学習」は幼少期に好きだった学科、習い事、興味のあること、熱中したことを記入しましょう。

「遊び」はそれこそ、夢中になった遊びを書き入れましょう。

以上、書いてみるとわかりますが、マンダラチャートで人生を計画すると、「全体と部分」の関係性が明確に認識でき、通常の「縦書き、横書きの文章表現」では想像もつかないくらい思い出が鮮明になるはずです。

このような手順で、「10代」「20代」「30代」と続けていくのです。

注意することは自分の世代、たとえば現在あなたが32歳だとしたら、「30代」からは「現在」を丸で囲み、30代の計画を人生8分野について「計画型」で表現します。

この場合、「40代」は10年先のことになりますので、「40代」は未来に丸で囲み、10年後のあなたの人生8分野についての構想を立てます。

この「人生百年計画」を作り上げることは、あなたにとってものすごい財産を得ることになるでしょう。

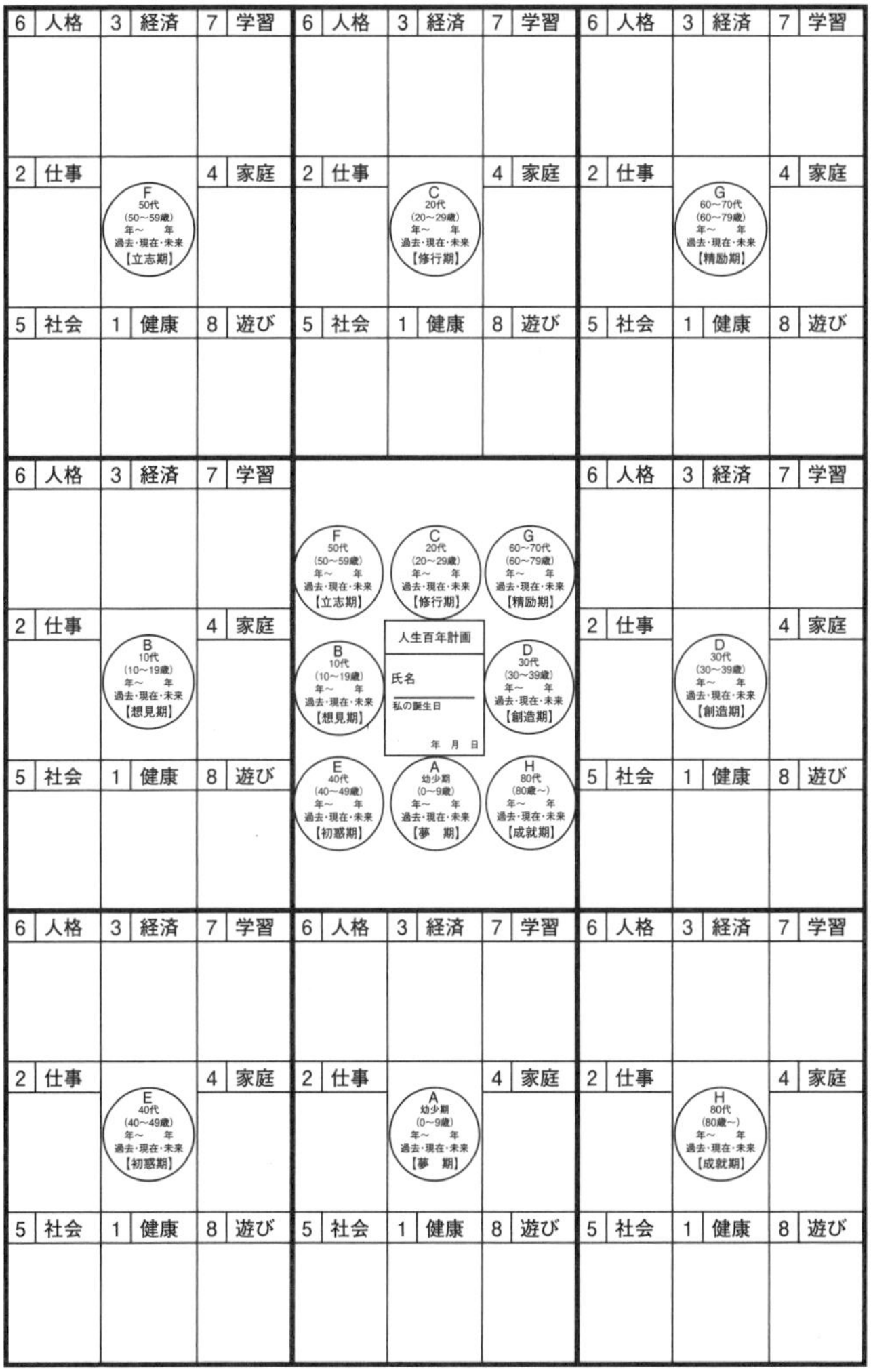
6 人格　3 経済　7 学習
2 仕事　4 家庭
F 50代 (50〜59歳) 年〜　年 過去・現在・未来 【立志期】
5 社会　1 健康　8 遊び
6 人格　3 経済　7 学習
2 仕事　4 家庭
C 20代 (20〜29歳) 年〜　年 過去・現在・未来 【修行期】
5 社会　1 健康　8 遊び
6 人格　3 経済　7 学習
2 仕事　4 家庭
G 60〜70代 (60〜79歳) 年〜　年 過去・現在・未来 【精励期】
5 社会　1 健康　8 遊び
6 人格　3 経済　7 学習
2 仕事　4 家庭
B 10代 (10〜19歳) 年〜　年 過去・現在・未来 【想見期】
5 社会　1 健康　8 遊び
F 50代 (50〜59歳) 年〜　年 過去・現在・未来 【立志期】
C 20代 (20〜29歳) 年〜　年 過去・現在・未来 【修行期】
G 60〜70代 (60〜79歳) 年〜　年 過去・現在・未来 【精励期】
B 10代 (10〜19歳) 年〜　年 過去・現在・未来 【想見期】
人生百年計画
氏名
私の誕生日
年　月　日
D 30代 (30〜39歳) 年〜　年 過去・現在・未来 【創造期】
E 40代 (40〜49歳) 年〜　年 過去・現在・未来 【初惑期】
A 幼少期 (0〜9歳) 年〜　年 過去・現在・未来 【夢　期】
H 80代 (80歳〜) 年〜　年 過去・現在・未来 【成就期】
6 人格　3 経済　7 学習
2 仕事　4 家庭
D 30代 (30〜39歳) 年〜　年 過去・現在・未来 【創造期】
5 社会　1 健康　8 遊び
6 人格　3 経済　7 学習
2 仕事　4 家庭
E 40代 (40〜49歳) 年〜　年 過去・現在・未来 【初惑期】
5 社会　1 健康　8 遊び
6 人格　3 経済　7 学習
2 仕事　4 家庭
A 幼少期 (0〜9歳) 年〜　年 過去・現在・未来 【夢　期】
5 社会　1 健康　8 遊び
6 人格　3 経済　7 学習
2 仕事　4 家庭
H 80代 (80歳〜) 年〜　年 過去・現在・未来 【成就期】
5 社会　1 健康　8 遊び

なぜなら、このチャートの中には、あなたの潜在意識の中に蓄えられていた素晴らしい「宝物」が隠されており、それが少しずつ開かれていくからです。

さて、この先は「人生百年計画」を完成させてからお読みください。決して完成前は見ないでくださいね。

いかがですか？

あなたの「人生計画百年計画」が完成した感想は。

過去は何とか思い出せたが、これからの10年先、20年先は計画できなかったという人もいるでしょう。

逆に未来はすらすら計画できたが、過去はトンと省みることはできなかったという人もいるでしょう。

感想はそれぞれ、おありのことと思います。

ただ万人に共通して書けないのは、やはり未来のことでしょう。将来はどうなるかわからないという方のために、書くためのヒントがあります。

お子さんがいる方は10年経てばお子さんは確実に10歳年を取ります。今お子さんが小学生なら、10年経つと社会人になっているかもしれませんし、大学に行っているかもしれないのです。

こう考えると未来は不確実なものではなく、必然的なものであることがおわかりいただけると思います。

もう少し、具体的に説明しましょう。

あなたが構築した10年単位の「人生8分野」の「仕事」の部分だけを「幼少期、10代、20代、30代、40代……」と渦を巻くように右回りで描いて拾っていくのです。そこにはあなたの仕事に対するストーリーが浮かび上がっていることに気づくと思います。

このようにして、人生8分野の「健康」から順次、「幼少期、10代、20代、30代、40代……」と展開していくのです。

こうして「人生8分野」それぞれを幼少期から１００歳まで認識していくと、あなたの顕在意識で考えていた「人生百年計画」の中に、その顕在意識では考えられなかったような部分が記述されていることがわかるはずです。

これが脳の深層心理を顕在意識に表現できる、マンダラチャートの表現手法の特性なのです。

すると、あなたの人生百年計画は、まだ掘り下げていない世代とか、「もう少しここの人生分野は具体的に書き込みたい」などさまざま思いが頭に浮かんでくると思います。

どうぞ書き加えて、あなたの心の中すべてを表現してください。

人は自分の認識した以外のものは見えないそうです。すべて自分の認識レベルで世界を見ています。

ですから、もう少し深く記述していくと、あなたの深層心理である第8番目の心である「貯蔵」の扉が開かれ、豊かな人生・ビジネスを実現するアイデアや考え方が出力されてくるのです。

第9章

私の
マンダラ
ビジネス手帳

１．私の「人生計画」

私はマンダラビジネス手帳を使い始めて５年になります。それまでは、なかなか使い勝手の良い手帳がなかったので、毎年年末になると手帳選びが恒例でしたが、この手帳にしてからはそのようなことがありません。

新しい手帳を手にして最初にやる恒例の作業は、手帳の巻頭にある「私の人生計画」のマンダラを完成させることです。このマンダラに導かれ、思っていることを文字にし整理すると、今年の目的・使命が明確になります。

この作業はとても大切なことだと思います。私は出来上がった人生計画マンダラを見ると、いつも満足感と爽快感に満たされ、今年も頑張るぞという気持ちになります。

私はマンダラビジネス手帳で行動が変わったと思います。私が今何をやるのか手帳が教えてくれます。

（中島正雄さん　株式会社コンピュータリブ
ホームページ作成業）

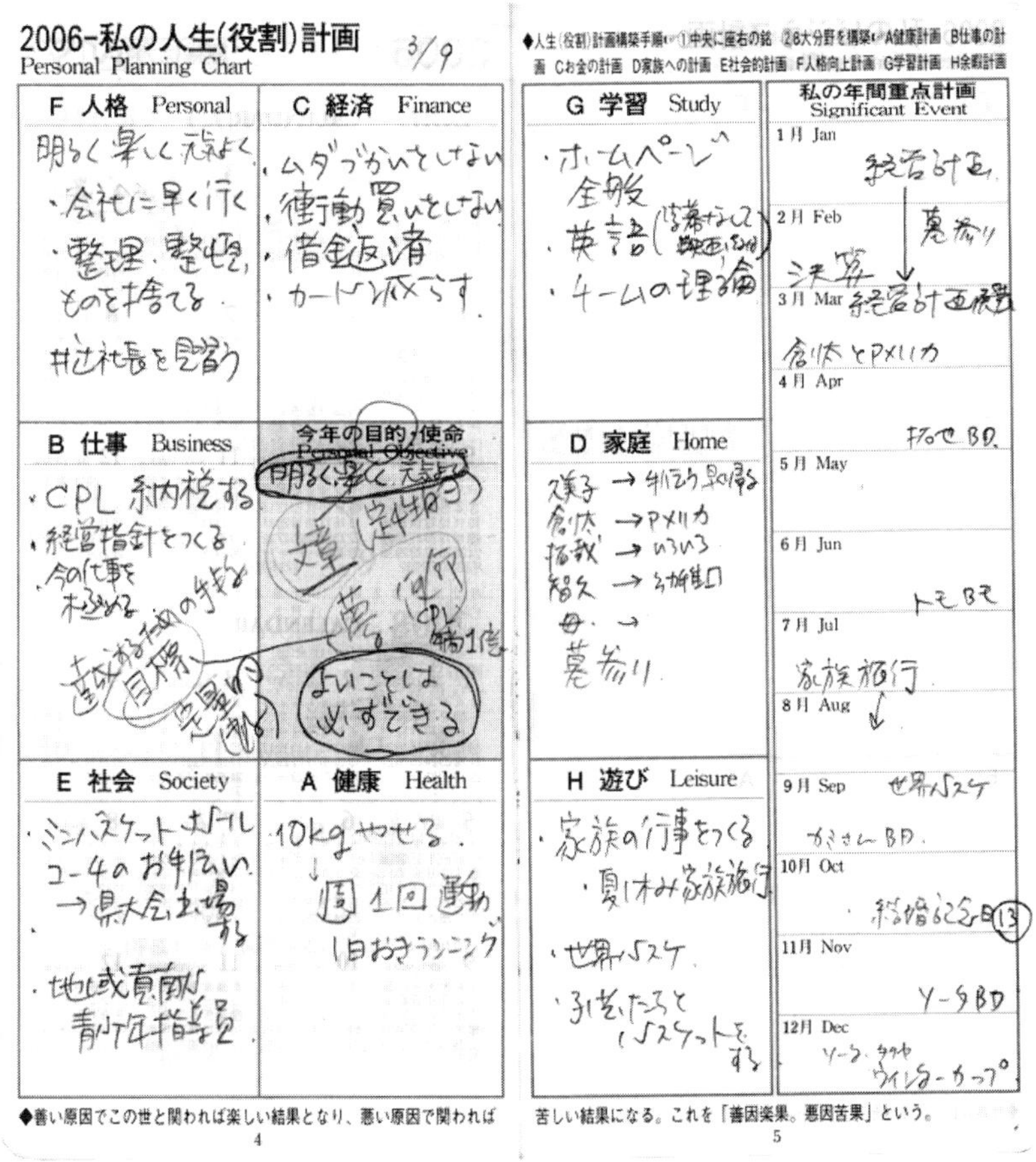

2006-私の人生(役割)計画　3/9
Personal Planning Chart

◆人生(役割)計画構築手順 ①中央に座右の銘 ②8大分野を構築 A健康計画 B仕事の計画 Cお金の計画 D家族への計画 E社会的計画 F人格向上計画 G学習計画 H余暇計画

F 人格 Personal
明るく楽しく元気よく
・会社に早く行く
・整理、整頓、ものを捨てる
井辻社長を見習う

C 経済 Finance
・ムダづかいをしない
・衝動買いをしない
・借金返済
・カードを減らす

G 学習 Study
・ホームページ全般
・英語(字幕なしで映画を観る)
・チームの理論

私の年間重点計画 Significant Event
1月 Jan 経営計画 墓参り
2月 Feb 決算
3月 Mar 経営計画発表 創太とアメリカ
4月 Apr 拓也BD
5月 May
6月 Jun トモBD
7月 Jul 家族旅行
8月 Aug
9月 Sep 世界バスケ カミさんBD
10月 Oct 結婚記念日⑬
11月 Nov Y-9 BD
12月 Dec ソーラ、タケヤ ウィンターカップ

B 仕事 Business
・CPL 納税する
・経営指針をつくる
・今の仕事を極める
達成するための手段 目標 定量化

今年の目的・使命 Personal Objective
明るく楽しく元気よく
CPL 納1億
よいことは必ずできる

D 家庭 Home
珠子 → 料理 早く帰る
創太 → アメリカ
拓哉 → いろいろ
智久 → 合格祈願
母 →
墓参り

E 社会 Society
・ミニバスケットボール コーチのお手伝い →県大会出場する
・地域貢献 青少年指導員

A 健康 Health
10kgやせる
↓
週1回運動
1日おきランニング

H 遊び Leisure
・家族の行事をつくる
・夏休み家族旅行
・世界バスケ
・子供たちとバスケットをする

◆善い原因でこの世と関われば楽しい結果となり、悪い原因で関われば苦しい結果になる。これを「善因楽果。悪因苦果」という。
4　5

２．私の「ビジネス計画」

１．ＭＹ法導入の動機（きっかけ）

９年前より活用。社員を最も信頼できるパートナーと考え、高い次元の経営を目指し、共に育ち合う意の《共育（教育）的人間関係》を築き、社内の連帯の強化を含めた会社全体のレベルアップを目的とするためにＭＹ法を活用。

２．ＭＹ法で「ビジネス計画」を立てるメリットと効果

日々の仕事に対する意欲、個人のレベルアップ、社内の連帯、会社全体のレベルアップおよび、社内の風の流れも良くなり、達成率も良くなり、達成時の満足感は大きくなった。

３．売上、利益、資金計画にＭＹ法を活用したメリット。

目標が明確となり、個人・部署・会社が共有、経営に対する参画意識が高まり、「ムダ、ムラ、ムリ」がなくなる。資金計画も、短期、長期共見え、借入金の返済等の不安も解消。銀行等の信頼性も上がり、会社の安心・安全・安定につながる。

（米田次男さん　株式会社森屋　食品卸売業）

2006-私のビジネス計画
Business Planning Chart

F 財務計画
① 部門別損益管理
営業は一人当たり営業利益を基に売上・粗利・経費を設定
② 経常利益率
% 以上を確保
③ 不良債権防止
新規取引先事前調査
④ 経常黒字を確保

C 人材育成と社員満足
① 積極的な外部研修
② 全社員がMY法チャートを作成し、目標面接制度との連携
③ 社員能力の開発育成、昇進・昇格・異動に連動
④ 新賃金体制
⑤ 若手育成
⑥ 退職金規定見直し

B 経営理念
① 顧客第一
お客様の要望をみつめ新製品開発
② 働き甲斐
社員のよりよい生活環境を作り夢実現
③ 社会貢献
一人一人の能力向上と地域、関係者の発展に貢献

今年のビジネス計画
Business Target Schedule
「価値ある目的」を持ったとき、
「価値ある人生」となる。
理想なきものは信念なし
信念なきものは、目標なし
目標なきものは、計画なし
計画なきものは、実践なし
実践なきものは、幸福なし

E 仕入方針と商品開発
① コストダウン
仕入コストダウン
② 仕入支払サイト短縮
③ 仕入先開拓
④ 年2回の実地棚卸
陳腐化商品迅速処理
⑤ 他社との差別化商品

A 今期利益計画
目標利益
① 売上
② 粗利
③ 粗利益率 %
④ 営業利益

◆仕事は自ら創るべきで、与えられるべきでない。（鬼十則より）

6

◆ビジネス計画構築手順☞ ①中央に経営理念を構築　②経営8大分野を構築☞ A利益計画　B商品計画　C仕入計画　D販売計画　E教育計画　F財務計画　G管理計画　H3年後計画

G 部門別方針
① 市内営業一課
売上目標達成
目標面接制度の徹底
② 市内営業二課
売上目標達成
新規得意先開拓10軒
③ 仕入部
仕入コストダウン
④ 経理・総務課
目標面接制度の推進

D 販売計画と市場戦略
① 顧客満足と商売の基本
信用の担保は人格
② 新規顧客開拓意識改革
③ CPシステム導入、
全員が有効活用
④ クレーム処理
クレームは天の声、再発防止のマニュアル作り
⑤ 長期売掛金回収

H 長期ビジョン 3年後のあるべき姿
経営者の姿勢
① 金貸さず
② 役就かず
③ 浮利追わず
④ 判つかず
⑤ 店は借りもの

私の年間重点計画
Significant Event

1月 Jan	・新年会
2月 Feb	・中間棚卸
3月 Mar	
4月 Apr	・役員MY法入力開始 ・担当別得意先別目標算出
5月 May	・お中元リスト ・期末目標面談開始 ・幹部MY法入力開始
6月 Jun	・期末棚卸 ・予算確定 ・賞与考課表
7月 Jul	・経営計画発表会 ・新目標面談 ・賞与支給
8月 Aug	・盆休み
9月 Sep	
10月 Oct	・幹部一般中間面談
11月 Nov	・お歳暮リスト作成 ・賞与考課表
12月 Dec	・正月商品確認会議 ・賞与支給

7

３．私の「ビジネス計画」

マンダラビジネス手帳を使い始めて２年になります。

以前は何かが終わらないと次が始まらない、といった直線思考でした。この手帳を使うことにより、相互依存の人生であることを知りました。無限の可能性と発想の自由を手に入れてビジネスの枠が広がり、自分を中心に置くことで自分を大切にする意識とクライアントをもっと大切に思う気持ちが生まれました。

単なる「ＴｏＤｏリスト」を記入するのではなく、目標や得たい結果、気づいたことを書き込むことができます。

ひと目で全体を見渡せるのも気に入っています。さらに「日間実践計画」チャートを使うことでクライアントの問題解決に役立っています。今では社員全員がこの手帳を使い、経営理念の共有と計画の実行をしています。

（山崎二三代さん　株式会社ヴィジョン経営システム
経営・財務コンサルタント業）

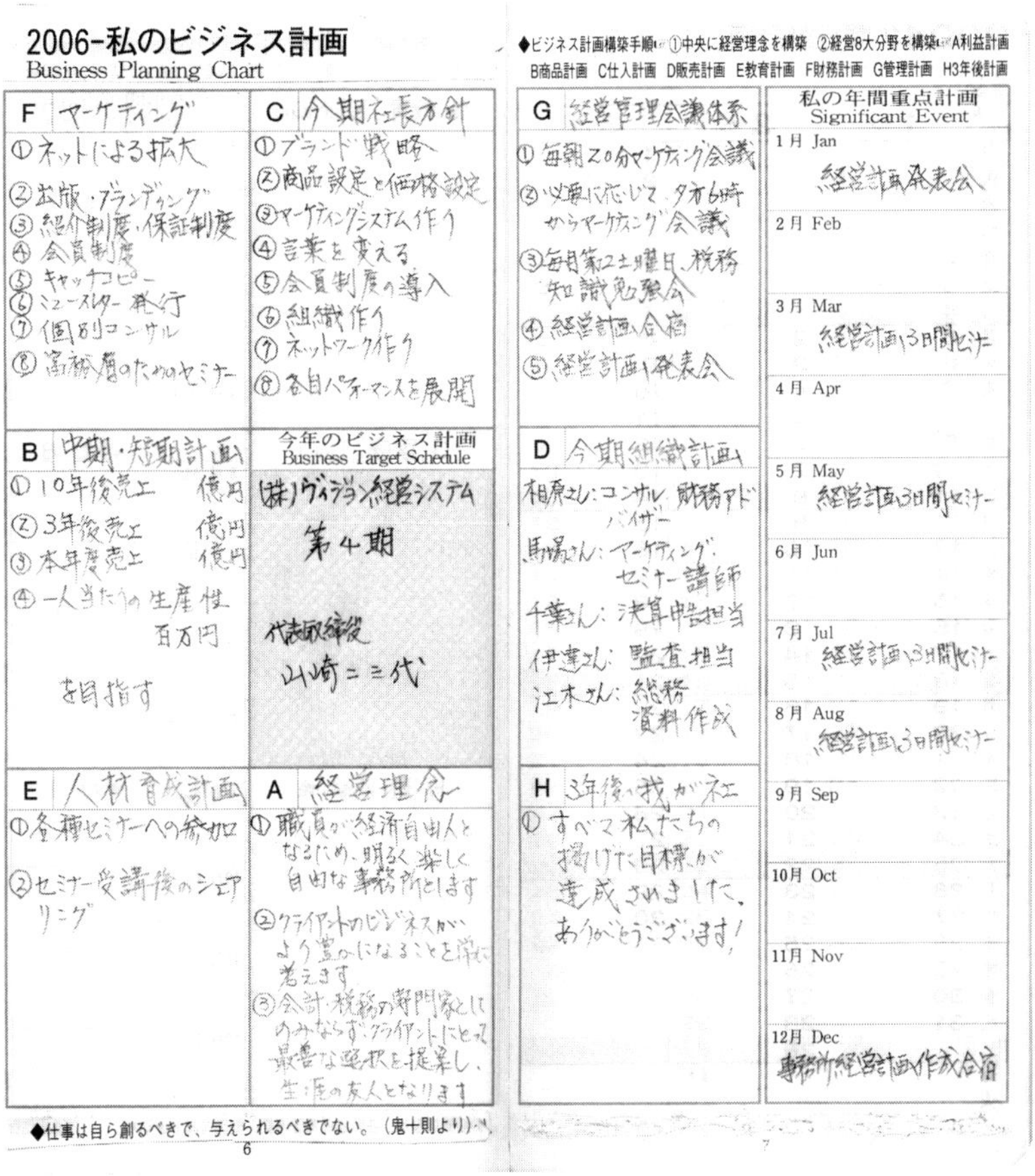

2006-私のビジネス計画
Business Planning Chart

◆ビジネス計画構築手順☞ ①中央に経営理念を構築　②経営8大分野を構築☞ A利益計画　B商品計画　C仕入計画　D販売計画　E教育計画　F財務計画　G管理計画　H3年後計画

F　マーケティング
①ネットによる拡大
②出版・ブランディング
③紹介制度・保証制度
④会員制度
⑤キャッチコピー
⑥ニュースレター発行
⑦個別コンサル
⑧富裕層のためのセミナー

C　今期社長方針
①ブランド戦略
②商品設定と価格設定
③マーケティングシステム作り
④言葉を変える
⑤会員制度の導入
⑥組織作り
⑦ネットワーク作り
⑧各自パフォーマンスを展開

B　中期・短期計画
①10年後売上　億円
②3年後売上　億円
③本年度売上　億円
④一人当たりの生産性　百万円
を目指す

今年のビジネス計画
Business Target Schedule
(株)ヴィクション経営システム
第4期
代表取締役
山崎ミミ代

E　人材育成計画
①各種セミナーへの参加
②セミナー受講後のシェアリング

A　経営理念
①職員が経済自由人となるため、明るく楽しく自由な事務所とします
②クライアントのビジネスがより豊かになることを常に考えます
③会計・税務の専門家としてのみならず、クライアントにとって最善な選択を提案し、生涯の友人となります

G　経営管理会議体系
①毎朝20分マーケティング会議
②必要に応じて、夕方6時からマーケティング会議
③毎月第2土曜日、税務知識勉強会
④経営計画合宿
⑤経営計画発表会

D　今期組織計画
相原さん：コンサル、財務アドバイザー
馬場さん：マーケティング、セミナー講師
千葉さん：決算申告担当
伊達さん：監査担当
江木さん：総務、資料作成

H　3年後の我が社
①すべて私たちの掲げた目標が達成されました、ありがとうございます！

私の年間重点計画
Significant Event

1月 Jan	経営計画発表会
2月 Feb	
3月 Mar	経営計画3日間セミナー
4月 Apr	
5月 May	経営計画3日間セミナー
6月 Jun	
7月 Jul	経営計画3日間セミナー
8月 Aug	経営計画3日間セミナー
9月 Sep	
10月 Oct	
11月 Nov	
12月 Dec	事務所経営計画作成合宿

◆仕事は自ら創るべきで、与えられるべきでない。（鬼十則より）

6　7

4．私の「月間企画計画」

私は " 手帳オタク "…手帳を毎年のように買い替え、多くの手帳にトライしてきました。毎年末、丸善、本屋、文具店めぐりをしては " 手帳探しの旅 " に出ます。手帳に凝り出して約 30 年！ それほどの試行錯誤をしてきても、" 理想の手帳 " にはめぐり会えませんでした。マンダラビジネス手帳 !!! " 手帳マニア " の私には、瞬時に素晴らしさが理解できます。ほとんどの手帳は、スケジュール管理・メモ・ＤＯＮＴ ＦＯＲＧＥＴ・ＴＯ ＤＯですが、" マンダラビジネス手帳 " の精神は、お正月風に言うと " 心願成就 “です！！！ " 願い・夢を達成するために日々を過す "…そのためのスケジュール計画がマンダラ手帳の " 心 " なのです。他にそんな手帳はありません（デシタ）。年・月・週、すべては " 計画・目標 " です…単に行動記録を記す " 受動的スケジュール表 " ではなく " 能動的スケジュール表 " です。時間はまず自分中心に使う…時間は自分のためにあるのです…宇宙の中心に自分がいる…マンダラ思想です。

今では全社員がこのマンダラ手帳を使っています。当社紹介の企業も続々と全社員が使うケースが増えています。

全社員が共通の手帳を使うことは、全社合わせて夢・目標に向かうための第一歩と思っています。

幸せな人生・豊かなビジネスには、善き伴侶が必要です。「善き伴侶とは、善き妻と善き手帳！！」…やっと " 手帳探しの旅 " から解放されそうです。

（田村和雄さん　株式会社田村設計　建築設計業）

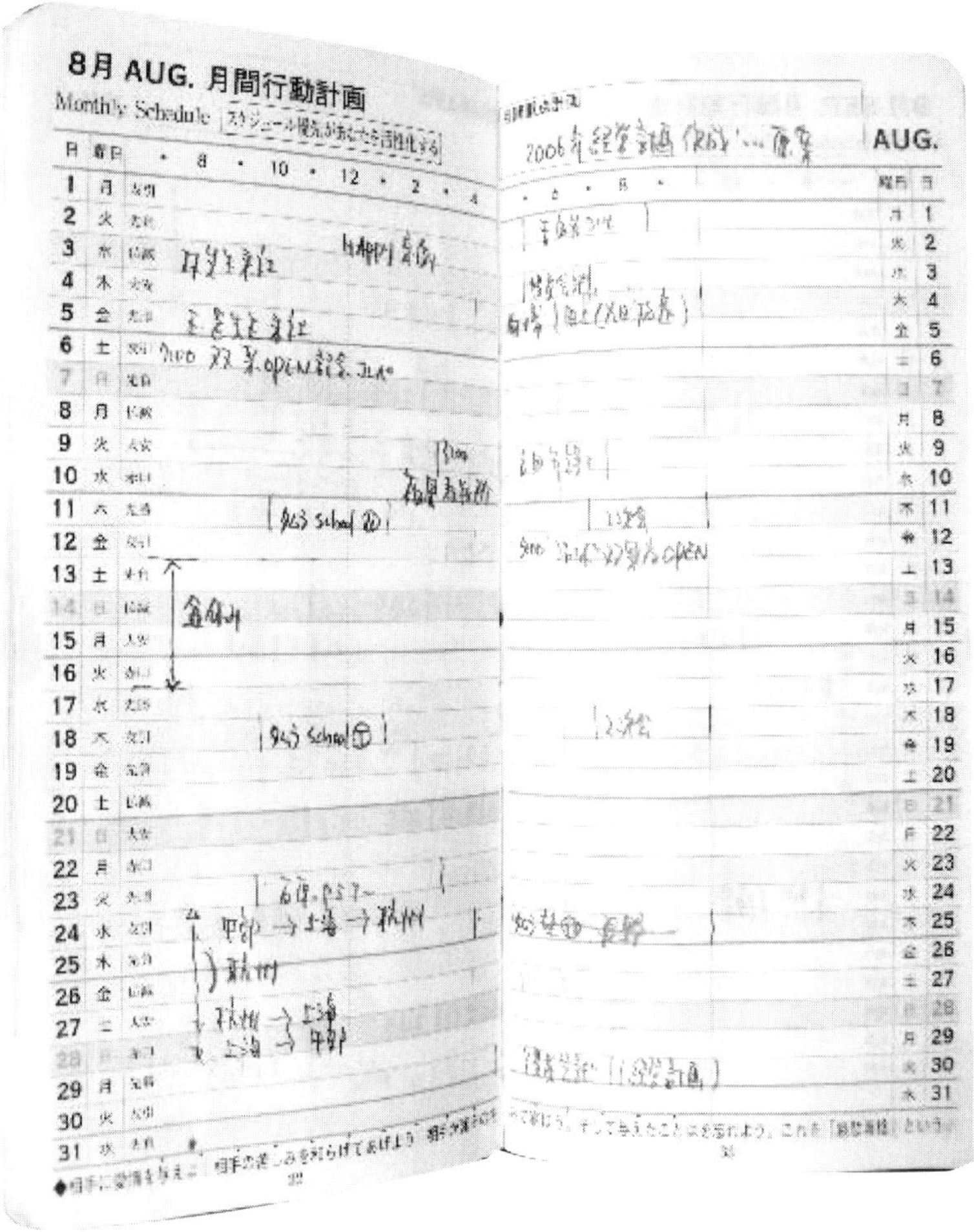
8月 AUG. 月間行動計画
Monthly Schedule
AUG.

5．私の「月間企画計画」

ボールペン３色を使い分けています。左の日付の○は朝見たとき、右の日付の○は夜のチェック、最低２回は見るようにしています。

アポの前後の移動時間を点線で記入します。月間スケジュールの右側は勉強項目のチェック表です。資格取得の目標に向かって、その科目を勉強できたかどうかをチェックするのです。

このときは項目が多すぎて、できなかった印の横線が多すぎてうまく使いこなせなかった結果なので、自分では不合格……。

当時（2004年）はチェック表が足りず、８時前に腹筋をするという課題を自分で入れました。

後半は達成でき流れに乗れたことが、あとで見るとわかります。達成の印が入ればモチベーションが上がり継続できます。

月間を見ると挑戦する勇気と意欲が湧いてきます。

（井上武志さん　株式会社コンピューターリブ
ホームページ作成業）

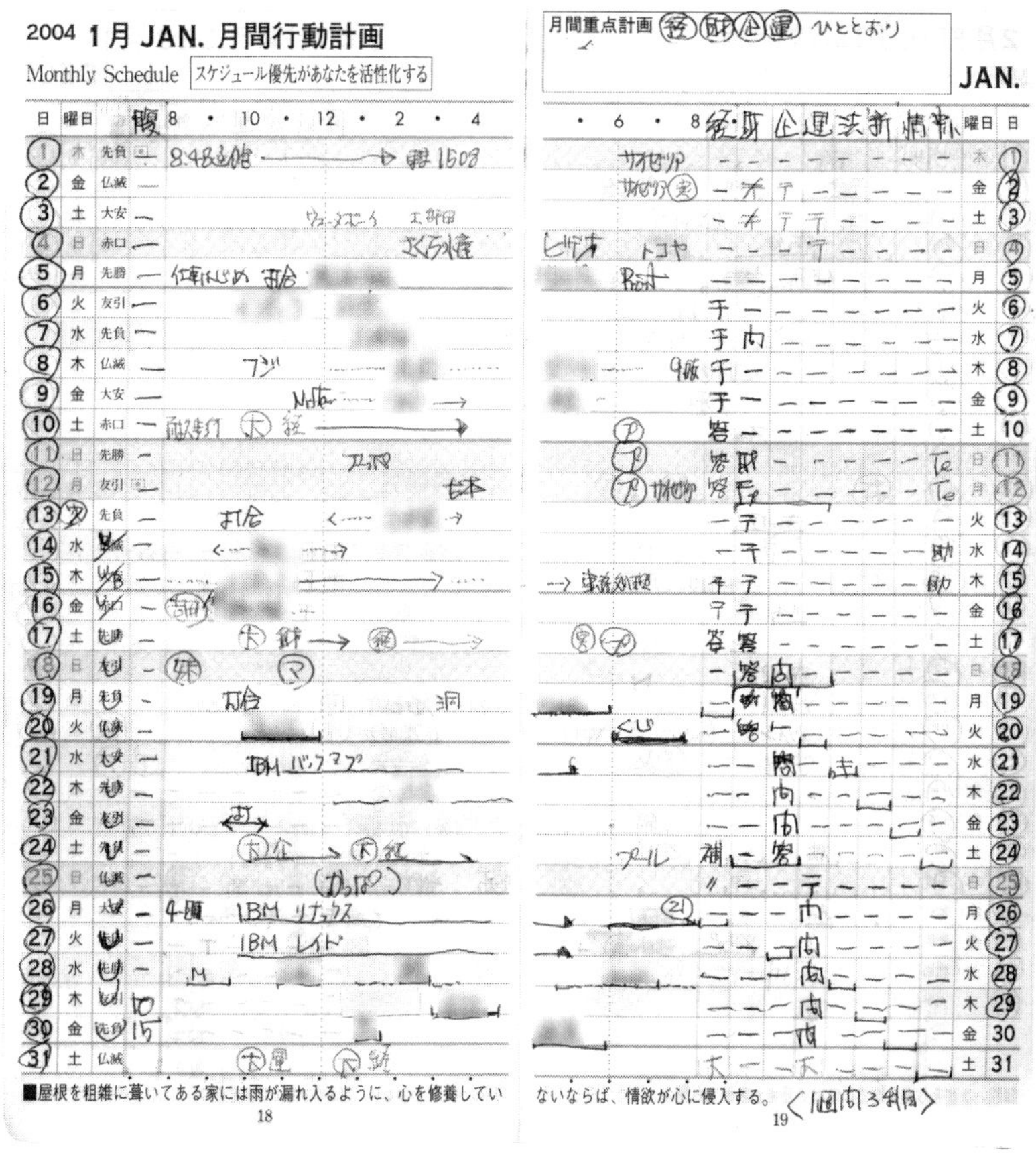
2004 1月 JAN. 月間行動計画
Monthly Schedule
スケジュール優先があなたを活性化する
月間重点計画
ひととおり
JAN.
日 曜日 8 10 12 2 4 6 8 曜日 日
IBM バックアップ
IBM リナックス
IBM レイド
■屋根を粗雑に葺いてある家には雨が漏れ入るように、心を修養していないならば、情欲が心に侵入する。
18
19

6．私の「週間行動計画」

私にとって手帳とは分身であり、司令塔であり、戦友であり、自分自身でもあります。

そんな大切な手帳なのですから、カバー、紙質、サイズなどすべてにおいてこだわりがあるのですが、マンダラビジネス手帳にはすべてに満足しています。まるでジーンズのように使うほどになじんできて手放せなくなります。

もともと乱雑で大きな文字を書く私にとって「ちょっと記入スペースが小さいかな」と思ったのですが、使っていくうちに必要最小限のことを丁寧な文字で書くようになった結果、あとから読める手帳になりました。

別冊の「マンダラチャート帳」と併用することで、理念や志、長期目標と今日とが串刺しされているという実感が持てるようになったことはこの手帳のおかげです。

キリスト教文化の西洋式手帳に感じた違和感がなく、毎日落ち着いた気分で過ごせるのは東洋文化をベースにした手帳だからでしょう。これからも毎年、ずっと大切に使い続けていきたいと思います。

（武沢信行さん　メルマガ「がんばれ社長！」の発行者
経営コンサルタント）

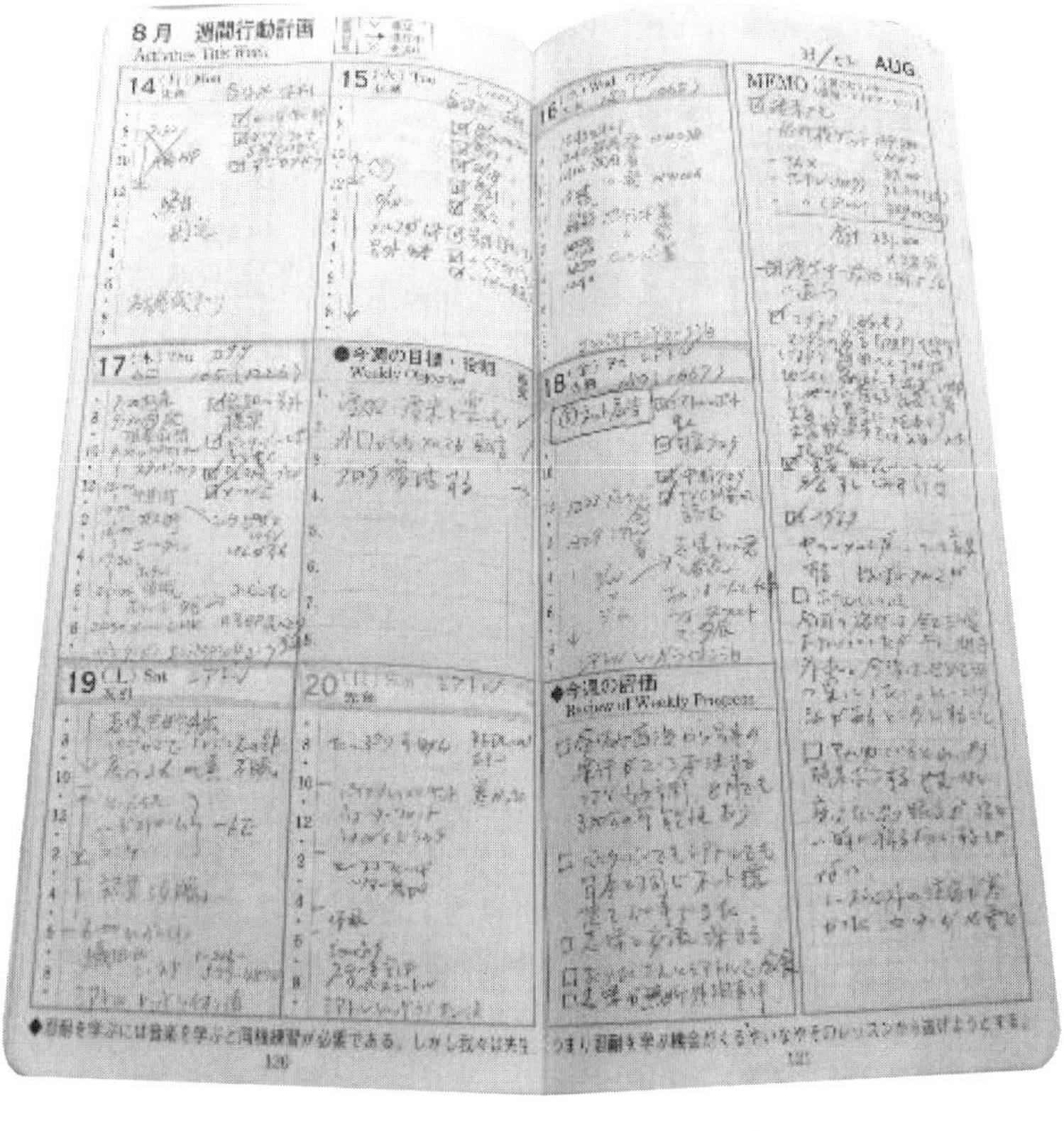
8月　週間行動計画
AUG
MEMO
今週の目標・役割
今週の評価
Review of Weekly Progress

7．私の「週間行動計画」

◆マンダラ構造が魅力のすべてだと思います。目標が真ん中にくるので、常にそれを意識して行動計画を作成できる点が良いと思います。

◆この手帳を使うことで公私ともに目標実現型のライフスタイルに変わってきました。ビジョンを持ち、具体的な計量化できる目標を作り、達成するのに必要な行動計画を立て、アクション。そして結果を反省する。CAPDをごく自然に実現できるシステムが組み込まれているのです。

◆効果があったこととして、家庭では子供の大学受験、マイホーム建築、体重と体脂肪率の目標達成など。仕事では、各種システム導入のプロジェクトマネジメントにフル活用しました。とりわけ計画フェーズではマンダラチャートが大活躍。

◆ピンチに立っているときにフッダーのところにある格言を読むと解決できる場合があります。

◆人生とビジネスのバランスがひと目でわかるように、経営・経理・情報・プライベートと４色のボールペンを使い分けています。今週の評価で点数化し成果が上がれば花丸で自分を褒めてあげます。

◆今までの手帳はただの備忘録だと思います。マンダラビジネス手帳は人生計画書そのものではないでしょうか。

（T・Yさん）

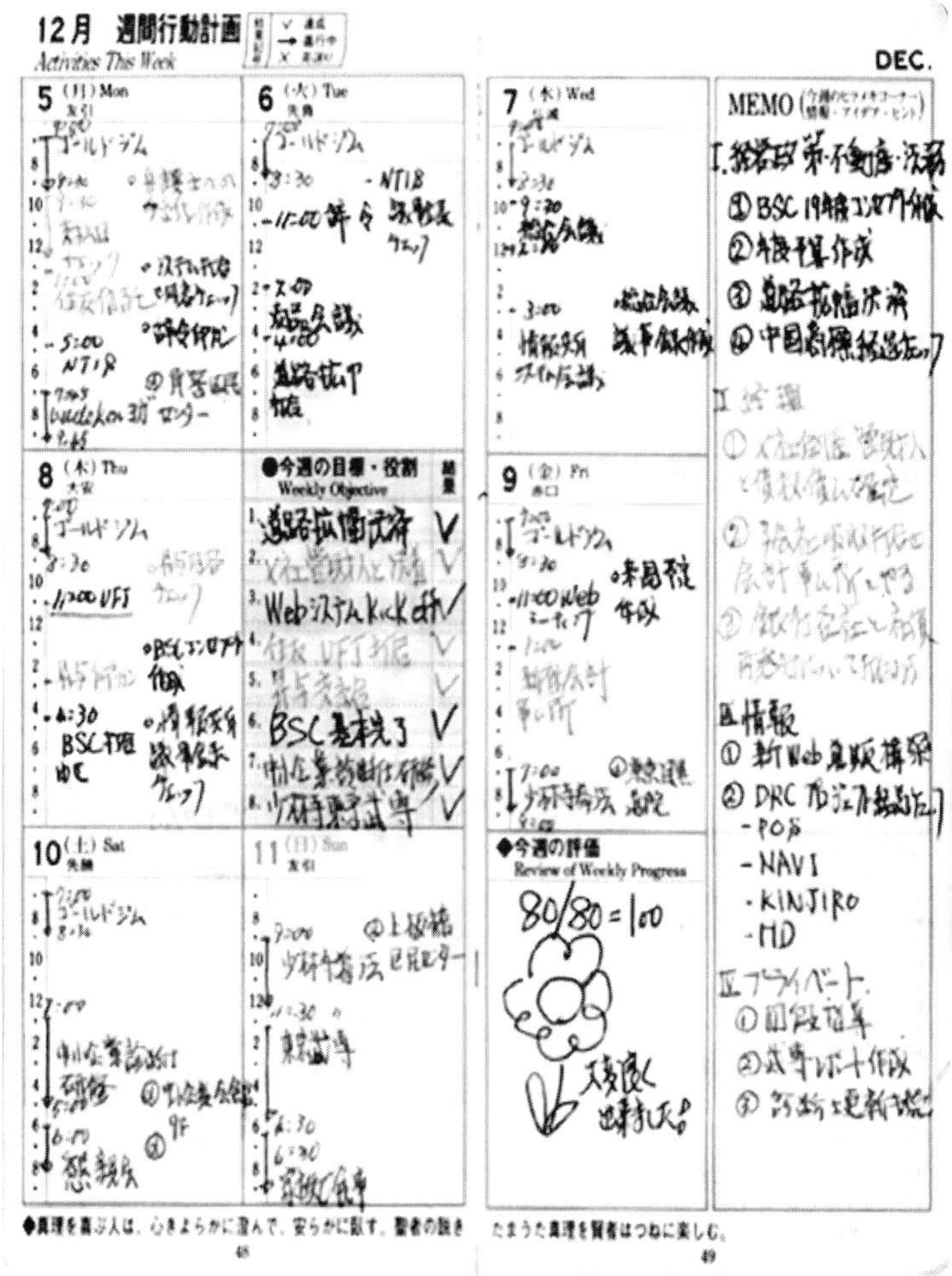
12月　週間行動計画
Activities This Week
DEC.
5 (月) Mon
6 (火) Tue
7 (水) Wed
MEMO
8 (木) Thu
●今週の目標・役割
Weekly Objective
9 (金) Fri
10 (土) Sat
11 (日) Sun
●今週の評価
Review of Weekly Progress
80/80=100
◆真理を喜ぶ人は、心きよらかに澄んで、安らかに眠る。聖者の説き
たまうた真理を賢者はつねに楽しむ。
48
49

8．私の「週間行動計画」

目標達成力が飛躍的に向上！

最初に「今週の評価」欄を十字で区切って４つの象限を作ります。十字の縦は重要性、横は緊急性の軸で、左図のようにそれぞれの象限に点数を配しています。とくに「緊急で重要でない」目標が「緊急でなく重要」な目標に優先する傾向から、配点に工夫を凝らしています。

次いで「今週の目標」欄に上がった目標に 1、2……と番号を振り、その番号を先の４つの象限に振り分けます。私は「目標達成力＝目標設定力×実行力」と考えていますので、実行前の目標設定時に目標ごとに配点が付され、その週に達成すべき目標量が数値化される工夫をしました。

あとは、実行するだけです。達成された目標には、○がつけられ、合計値が計算できます。「今週は、32 ポイントの目標設定に対して、21 ポイント達成できた」という評価になります。

マンダラビジネス手帳は、週の成果は目標設定時の心構え 1 つで大きくもなり、小さくもなることを気づかせてくれました。深謝。

（佐藤等さん　佐藤等公認会計士事務所　公認会計士）

	緊急	緊急でない
重要	〈緊急で重要〉 2点、	〈緊急でなく重要〉 3点、
重要でない	〈緊急で重要でない〉 1点、	〈緊急でなく重要でない〉 0点、

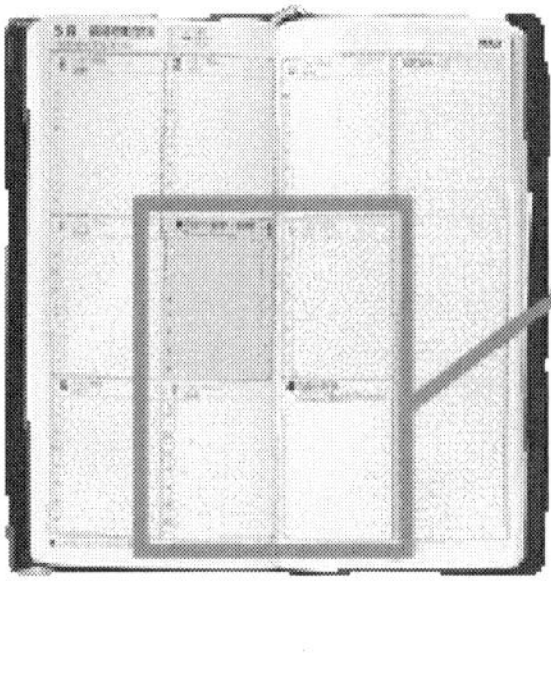

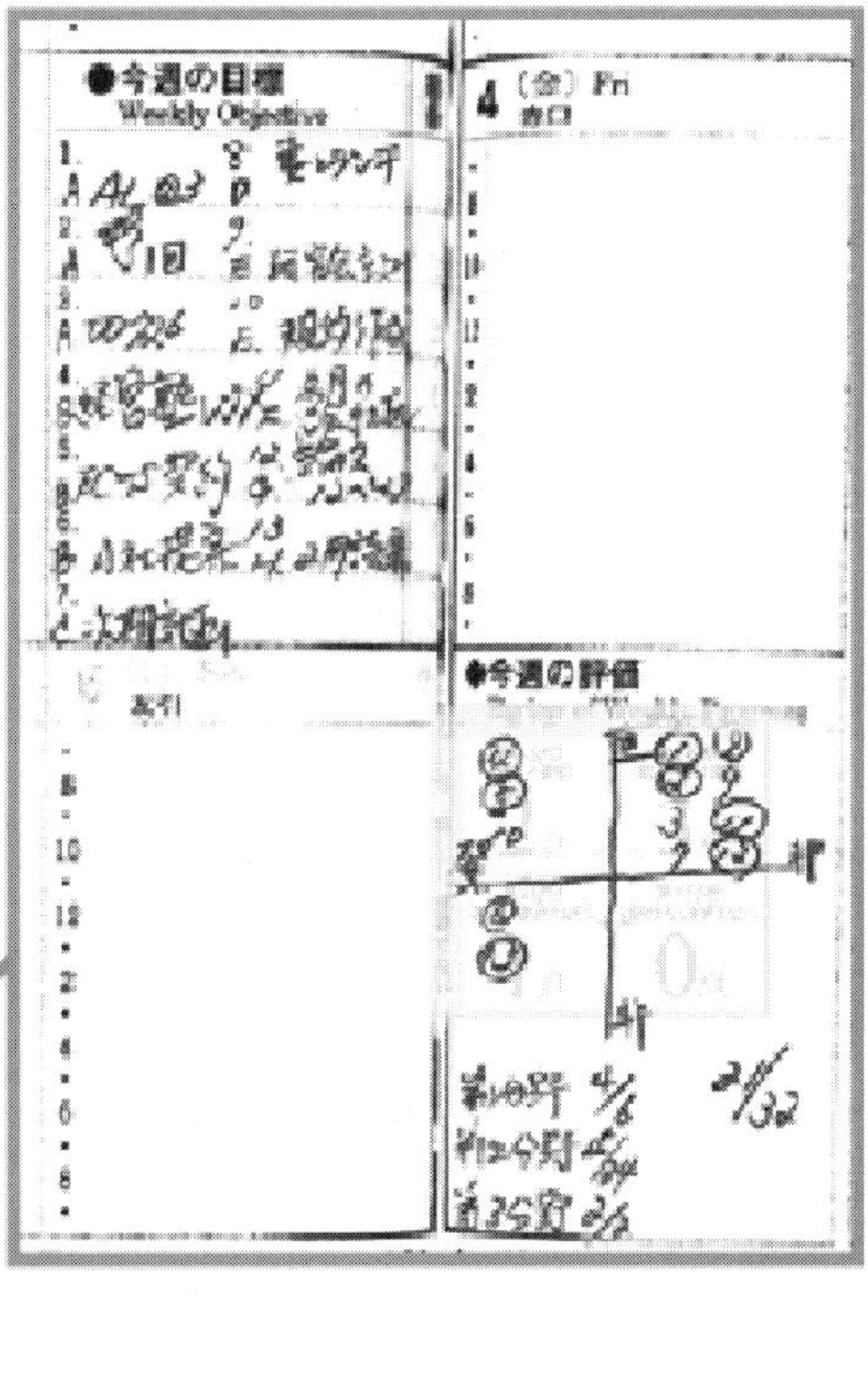

9．私の「マンダラチャート」

マンダラチャートで取った講演会・セミナーの記録を見ると、過ぎ去った記憶が鮮やかに甦ってきます。レポート用紙に羅列したメモは長々と録ったビデオテープみたいで、どこに何があるのかわからなくなるのです。

マンダラチャートに刻まれたメモは、デジタルのように瞬時にその時空に心を運んでくれます。小見出し、テーマまで不思議と書かされていく感じが快感。欄外のメモも命を持って話しかけてくれます。

見えない力をふっと感じさせてくれるマンダラチャート、ありがとうございます！　そうそう、書くのは 0.3 ミリ青インクがオススメです。


（赤塚仁英さん　赤塚建設株式会社　建設業）

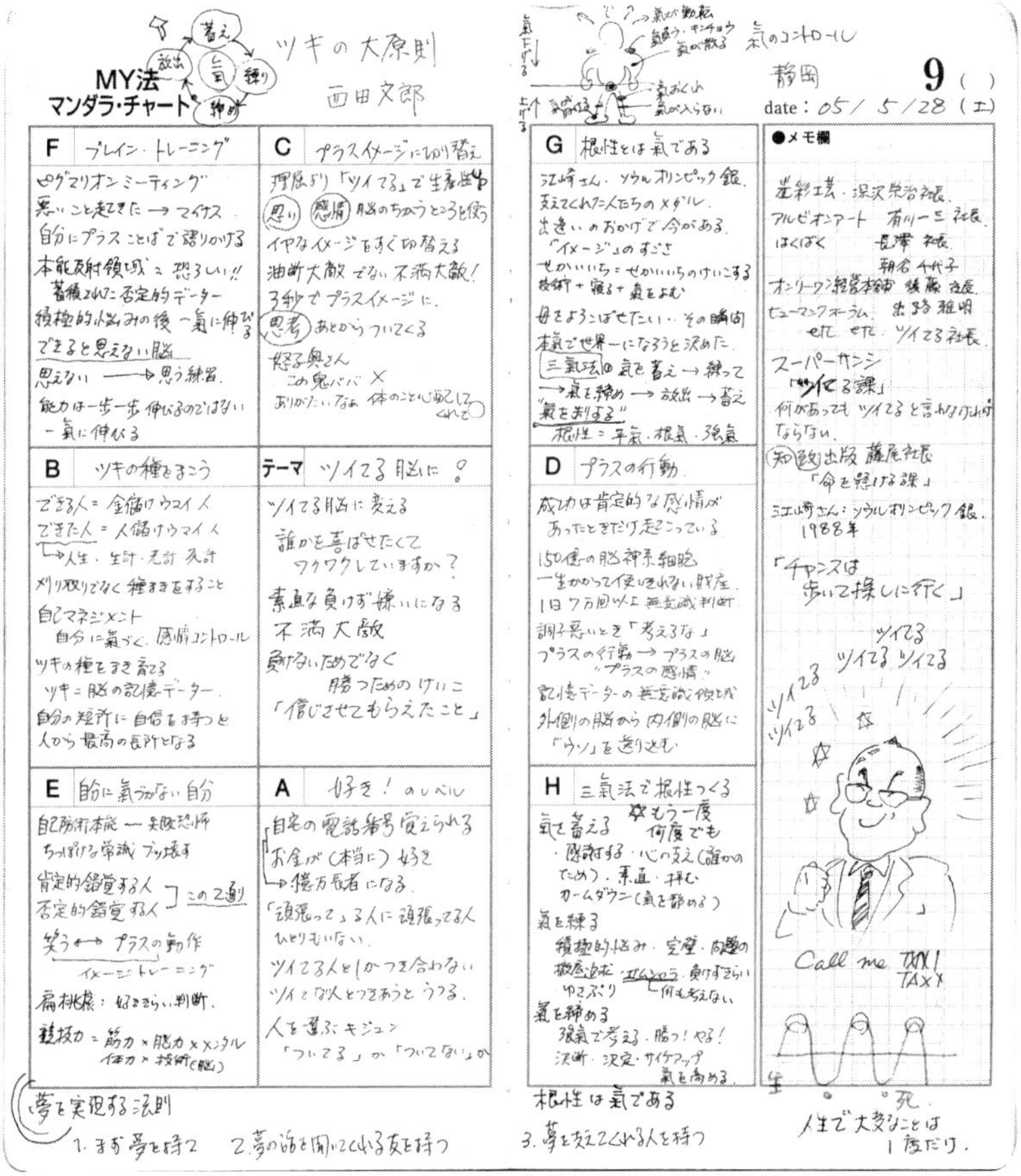

蓄え　錬り　締め　放出　氣

MY法
マンダラ・チャート

ツキの大原則
西田文郎

氣が動転
氣負う・キンチョウ
氣が散る
氣をおくる
氣が入らない
氣下げる
上げる
氣のコントロール

静岡　9（　）
date：05／5／28（土）

F　ブレイン・トレーニング
ピグマリオンミーティング
悪いこと起きた → マイナス
自分にプラスことばで語りかける
本能反射領域＝恐ろしい!!
　蓄積された否定的データー
積極的悩みの後　一氣に伸びる
できると思えない脳
思えない ——→ 思う練習.
能力は一歩一歩伸びるのではない
一氣に伸びる

C　プラスイメージに切り替え
理屈より「ツイてる」で生産性
思り　感情　脳のちがうところを使う
イヤなイメージをすぐ切替える
油断大敵でない不満大敵！
3秒でプラスイメージに.
思考　あとからついてくる
好子奥さん
　この鬼ババ ×
ありがたいなあ　体のこと心配してくれて ○

G　根性とは氣である
江崎さん.ソウルオリンピック銀.
支えてくれた人たちのメダル.
出会いのおかげで今がある.
「イメージ」のすごさ
せかいいち＝せかいいちのけいこする
技術＋寝る＋氣をよむ
母をよろこばせたい…その瞬間
本氣で世界一になろうと決めた.
三氣法は氣を蓄え → 錬って
→ 氣を締め → 放出 → 蓄え
“氣をまわする”
根性＝平氣.根氣.強氣

●メモ欄
光彩工芸.深沢栄治社長.
アルビオンアート　有川一三社長.
はくばく　長澤社長.
　朝倉千代子
オンリーワン経営本部　後藤社長
ヒューマンフォーラム　出路雅明
　etc. etc. ツイてる社長.
スーパーサンシ
「ツイてる課」
何があってもツイてると言わなければならない.
知致出版　藤尾社長
「命を懸ける課」
江崎さん：ソウルオリンピック銀.
1988年
「チャンスは
　歩いて探しに行く」
ツイてる
ツイてる　ツイてる
ツイてる
ツイてる

B　ツキの種をまこう
できる人＝金儲けウマイ人
できた人＝人儲けウマイ人
→人生.生計.老計.死計
刈り取りでなく種まきをすること
自己マネジメント
　自分に氣づく.感情コントロール
ツキの種をまき育てる
ツキ＝脳の記憶データー.
自分の短所に自信を持つと
人から最高の長所となる

テーマ　ツイてる脳に！
ツイてる脳に変える
誰かを喜ばせたくて
　ワクワクしていますか？
素直な負けず嫌いになる
不満大敵
負けないためでなく
　勝つためのけいこ
「信じさせてもらえたこと」

D　プラスの行動
成功は肯定的な感情が
あったときだけ起こっている
150億の脳神経細胞
一生かかって使いきれない財産.
1日7万回以上無意識判断
調子悪いとき「考えるな」
プラスの行動 → プラスの脳
　“プラスの感情”
記憶データーの無意識領域
外側の脳から内側の脳に
「ウソ」を送り込む

E　自分に氣づかない自分
自己防衛本能 — 失敗恐怖
ちっぽけな常識ブッ壊す
肯定的錯覚する人
否定的錯覚する人 ］この2通り
笑う ←→ プラスの動作
　イメージトレーニング
扁桃核：好ききらい判断.
競技力＝筋力×脳力×メンタル
　体力×技術(脳)

A　好き！のレベル
自宅の電話番号覚えられる
お金が（本当に）好き
→ 億万長者になる.
「頑張って」る人に頑張ってる人
ひとりもいない.
ツイてる人としかつき合わない
ツイてない人とつきあうとうつる.
人を選ぶキジュン
「ついてる」か「ついてない」か

H　三氣法で根性つくる
氣を蓄える　✡もう一度　何度でも
・感謝する・心の支え（誰かのため）・素直・拝む
カームダウン（氣を静める）
氣を錬る
積極的悩み・完璧・問題の
徹底追求・エムシャラ・負けずきらい
やさぶり　└何も考えない
氣を締める
強氣で考える・勝つ！やる！
決断・決定・サイケアップ
　氣を高める.

Call me TAXI
TAXY

生
死.

夢を実現する法則
1. まず夢を持つ　2. 夢の話を聞いてくれる友を持つ
根性は氣である
3. 夢を支えてくれる人を持つ
人生で大切なことは
1度だけ.

10. 私の「マンダラチャート」

私がマンダラ手帳の出会ったのは、2003年1月の松村先生のセミナーに参加したときです。直感的にこの手帳は素晴らしいと感じました。

私の求めていた手帳とは、私の人生＝目的、関係、役割、目標、計画を「カイゼン5S」できる手帳でした。マンダラ構造の手帳は、人生と仕事の5Sができるのです。

1S（整理）＝分別…いるものと捨てるものを分けること。
2S（整頓）＝明示…いるものがどこにあるか明示すること。
3S（清掃）＝行動…自ら実践すること。
4S（清潔）＝維持…上記の3Sが、きちんとできた状態に維持すること。
5S（躾《しつけ》）＝習慣：指示・命令・規則ではなく、習慣として身につけること。

マンダラ手帳であれば、肌身離さず持ち歩いて、1S（整理）、2S（整頓）、3S（清掃）、4S（清潔）を繰り返すことができます。そして、自分の人生の「目的」「関係・役割」「目標・計画」を絶えずチェックします。自分の3×3の9マスのマンダラビジネス手帳を繰り返し見ることによって、大切なもの、本質的なものを反芻《はんすう》して、頭脳にイメージを深く浸透させることができます。単なる「見る」から「観る」へと心の目が開かれ、潜在意識まで深く定着させて「善き習慣」を作り出します。人生のカイゼンができるのです。

今では20人くらいでマンダラ手帳研究会を結成し、手帳の活用法など切磋琢磨《せっさたくま》しています。

（太田勝久　太田綜合法律事務所　弁護士）

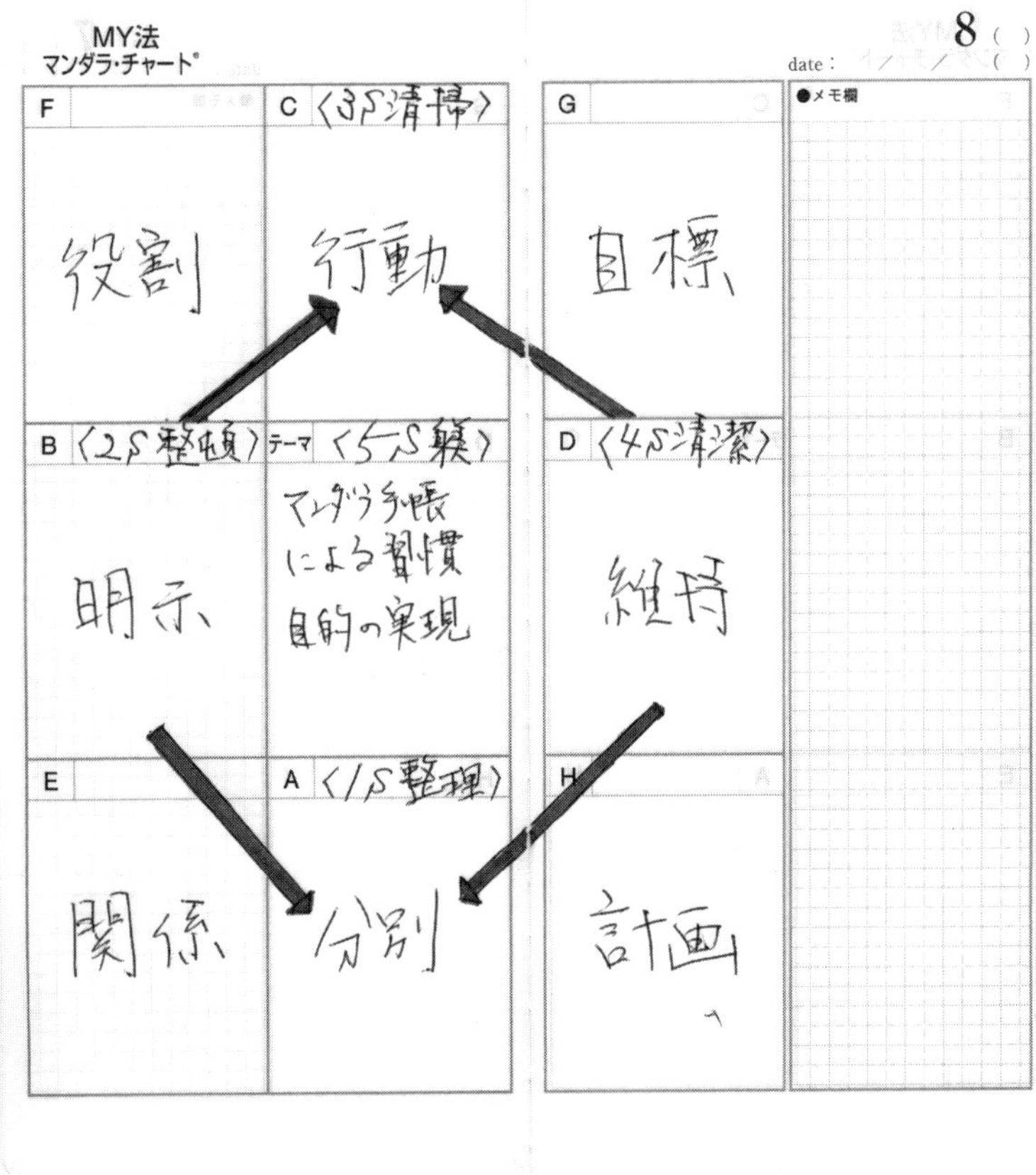
MY法
マンダラ・チャート®
8 (　)
date：
F
C 〈3S清掃〉
G
●メモ欄
役割
行動
目標
B 〈2S整頓〉
テーマ 〈5S躾〉
D 〈4S清潔〉
マンダラ手帳
による習慣
目的の実現
明示
維持
E
A 〈1S整理〉
H
関係
分別
計画

エピローグ 行動すれば夢は必ずかなう！

私たちは一時も行動しないでいることはできません。寝ていて意識がないときでも呼吸はしており、心臓は一瞬たりとも活動を止めることはありません。そのうえ夢さえ見ています。あたかも昼間の行動そのままのようです。

寝ていて、意識がないように見えるときでさえ、人は行動しているのですから、いわんや朝起きてから、夜寝るときまでの意識がある間は、それこそ行動し続けているのです。

その行動の具体的な引き金は、やはり「五感」からの情報によるものが一番多いのではないでしょうか。つまり、眼で見る視覚、耳から聞く聴覚、鼻からの臭覚、舌からの味覚、肌の触れ合いからの感じる触覚です。

これらの情報により、私たちの脳はさまざまな行動を開始し、私たちに行動の指令をするのです。少しでも気を抜くと、脳の一方的な行動の指令により、手・足・思考の行動まで脳に左右されて、夢遊病者のように、脳の指令に従ってしまうのです。

これは良い結果をもたらすこともあるでしょう。しかし一歩誤ると、あなた自身の思惑とはほど遠い結果をもたらし、「そんなはずではなかった」と反省したり、後悔したり、悩む結果になってしまうのではないでしょうか。

そのうえ、脳は1つの情報からさまざまな連想を私たちに起こさせます。脳が私たちに多くのことを思い起こさせるのは、決して悪いことではありません。脳はあなたが生まれてから、いや遺伝子からとなれば有史以来の記憶を保存、つまりアーカイブしています。

これも、脳の主人であるあなたを、より豊かに生かすためのノウハウを提供し続けているということです。

大切なのは、この「潜在的な脳」からの豊富な情報をあなたが豊かになる行動に結びつけられるように、顕在的な状態に整理・整頓することなのです。

そのためには、五感からの情報により脳のアーカイブから発信する行動情報をすばやく「整理（いるものといらないものを分別）、整頓（どこに何があるかを明示）、清掃（自らの正しい行動）、清潔（行動を維持）、躾（習慣として身につける）」することなのです。

これはどこかで聞いたことがあると思いませんか？

そうです「５Ｓ運動」です。「５Ｓ」とは「全員活動・徹底推進・体質改善」により企業を活性化し、発展させる運動ですが、あなたはこれを頭の中で一瞬のうちに「正しく処理し、正しく決断し、正しい行動への指示」をしなければならないのです。

しかし、あなたの〝脳内の行動〟は社会と関わっています。単なる個人の「心の中」の出来事で済ますわけにはいかないのです。

行動という「原因」をあなたの周囲に振りまくことになるのです。そうすると、当然「原因と結果の法則」により、「あなたの行動から生まれた結果」として現実化するのです。

ですから、「心の５Ｓ」が大切なのです。

「心」は会社における整理・整頓のように、目に見える具体的なものではなく抽象的なものであり、「５Ｓ」しにくいものです。したがって、ここに「マンダラ思考」が登場するのです。

脳は文章型の文字認識より、映像型パターン認識に優れていることは、脳科学が発達した現在、一般的に認識されています。まさにこの脳のパターン認識に最適なことを、今から1200年以上前に「マンダラ思考」として解明されていたのです。

しかし、私たちは一時的に「心・頭・脳」の整理・整頓のためにマンダラ思考を活用すれば良いというものではないのです。連続して習慣化して、活用しなければならないのです。

人は一瞬といえども行動をしないでいるときはない。

マンダラ思考をベースとした、「人生計画」「ビジネス計画」「年間先行計画」「月間企画計画」「週間行動計画」「日間実践計画」、そして、各計画のチェックで、あなたの人生・ビジネスをより豊かなものにしていただければ幸いです。

謝辞

　私は40歳で独立して以来、マンダラ思考を活用した経営セミナーを行ってきました。独立前、長く外資系の企業にいたせいか、日々新しい事業に追われた生活から解放されたとき、それまで興味のあった仏教というものが、人生やビジネスを豊かにするシステムを持ち合わせているのではないかということに気づいたのです。

　この「仏教はシステムである」ということを形にしたのが「ＭＹ法マンダラチャート」です。以来、経営者を中心に多くの方から役に立つツールとして利用されてきました。マンダラビジネス手帳も、ほとんど宣伝らしきことをせず、口コミだけで20年以上も支持されてきました。このことは、「やっと使える手帳に出会えた」と毎年使ってくださるユーザーの方のおかげだと思っております。ここに感謝の意を表します。

　また、今回の出版に当たり、10年以上も活動を共にしてくれた朋友とも呼べる松岡洋子さんに、この場を借りて心よりお礼申し上げます。最後に、編集の段階で多くのアドバイスをいただいたフォレスト出版の稲川智士さん、出版の機会を与えてくださった太田宏社長に感謝します。

松村寧雄

〔参考文献〕

『口語全訳　華厳境　上巻』江部鴨村　篠原書店

『口語全訳　華厳経　下巻』江部鴨村　国書刊行会

『両界曼荼羅の智慧』石田尚豊　東京美術

『東寺の曼荼羅図』頼富本宏　東寺宝物館

『和訳　大日経』宮坂宥勝　東京美術

『和訳　金剛頂経』津田眞一　東京美術

『インド仏教史　上巻』平川彰　春秋社

『インド仏教史　下巻』平川彰　春秋社

『龍樹』中村元　講談社

『世親』三枝充直　講談社学術文庫

『唯識の探求』竹村牧男　春秋社

『唯識とは何か』横山紘一 春秋社
『空海全集 第二巻』小林照宥 筑摩書房
『ブッダの世界』玉城康四郎 ＮＨＫブックス
『ユング自伝１』河合隼雄 みすず書房
『ユング自伝２』河合隼雄 みすず書房
『三つの脳の進化』ポール・Ｄ・マクリーン 工作舎
『すばらしい思考法』マイケル・マハルコ ＰＨＰ研究所
『経営に生きる仏システム』松村寧雄 ソーテック社
『行きぬくための戦略と戦術』松村寧雄 ソーテック社
『経営を活かす般若心経』松村寧雄 ソーテック社
『経営を活かす曼荼羅の智慧』松村寧雄 ソーテック社
『新経営戦略「ＭＹ法」の奇跡』松村寧雄 講談社
『仏教システムを活かす経営計画の実践』松村寧雄 ソーテック社
Created in Japan, Sheridan M Tatsuno, HarperCollins

●マンダラビジネス手帳ユーザーの声

・長年使っていると、目標設定、計画の重要性を痛感します。マンダラビジネス手帳はコンパクトにまとまっていて良くできていると思っております。…………（50代・男性）

・昨年初めて使用しました。おかげさまで目標のほとんどを達成しました。今年もさらなる飛躍を目指して頑張っていきます!!…………（30代・男性）

・あらゆる事象が根源から終焉まで、一直線にあるように思えていましたが、実は円・丸になっていて、終わってもまた始まり、また繰り返していることに気がつきました。マンダラ流の見方、考え方は大変な武器になりました。…………（40代・男性）

・連続5回目になります。「目に見える脳」として活用しています。判断を冷静にするため、情報を簡単に整理していつも手帳を開いています。…………（60代・男性）

・2004年まで6年間くらい使用、東京・八重洲ブックセンターで購入（毎年、年末大学の同窓会出席時）していたが、ここ2年は別の手帳使用。本年、東京へ行く機会がなかったため2006年手帳を探していて、静岡丸善で発見購入。3年ぶりに見て感激！　大幅改善「チェックリスト」「結果記号」「ペン差し」など便利になったというのが感想です。来年1年楽しみに使用させていただきます。Ｇｏｏｄ！　……………（60代・男性）

・おかげさまで年初に立てた人生計画・ビジネス計画は90％以上達成できました。来年も良い年にしたいと思い購入いたしました。……………………（40代・女性）

・昨日手にして今日でまだ2日目ですが、なんだか「書きたい！」という意欲がムンムン。2006年からと思っていましたが、年の瀬の慌しい今こそ必要！　と即切り替えました。うっかりミスや仕事のやり残しが減りそうです。次からも絶対使いそう！……（匿名）

・一元管理で人生が変わりそうです。ありがとうございました。…………（40代・女性）

・いつもＴｏ Ｄｏリストはいらない紙に書き、終わったら捨てていましたが、きちんと記録に残せるようになり大活躍です。社員にも配って、より効果の高いマネジメントを目指したいと思います。…………………………………………（30代・男性）

・今までは別の手帳を使っていましたが、マンダラ手帳はＶｅｒｙ Ｇｏｏｄ！です。本年は素晴らしい1年になると確信しています。……………………………（50代・男性）

・やりたいことや、しなくてはならないことをひと目でわかるのがいいです。とくに時間に追われて忙しいときは時間を有効に使えます。………………………（30代・女性）

・初めて使用しますが、今までメモ帳としてしか使っていない自分に、改めて目標を持つことの重要性を教えてくれました。まさに目からウロコです。一生手放せない手帳になりました。………………………………………………………………………（匿名）

・自分が探し求めていたナビゲーターが見つかった感じ、これで人生運転に迷いがなくなった。…………………………………………………………(50代・男性)

・この手帳を〝分身〟として、ぜひとも活用しようとワクワクしております。(30代・男性)

・手帳が好きで、さまざまな手帳をこれまで使ってきた。来年からこの手帳を使ってみようと思っています。面白そうな手帳ですね。…………………(60代・男性)

・初めてです。「何かがある!」と直感で購入。マンダラ(仏教・密教)と量子力学に共通するものがあると思う。「万事が一事」「一事が万事」。…………………(50代・男性)

・いろいろな手帳を手に取ってきましたが、ようやくこの手帳に落ち着けそうな気がしております。しかしまだまだ改善点はあると思いますので、これからもこの手帳を使い続けたいと思えるような、素晴らしい手帳を提供し続けてください。期待しています。
………………………………………………………………(20代・男性)

・この手帳を使いこなし、目標達成のため行動していきたい。やっと自分の欲しい手帳に出会えた感じです。…………………………………………（40代・男性）

・しばらくぶりに、奮い立つ手帳にめぐり会った！　………………………（60代・男性）

・今回初めて使用させていただきます。セミナーでいろいろ説明していただき、実際に使用した部分もあります。とても意味ある手帳だと思います。自分の目標を達成するために活用していきます。素晴らしい手帳を手にして大変やる気が出てきました。感謝の気持ちでいっぱいです。ありがとうございました。この手帳に出会うことができて私はツイています。……………………………………………（30代・男性）

クローバ経営研究所の主な活動内容

クローバ経営研究所では、「マンダラ思考」を最大限に取り入れた経営者のためのさまざまなコンサルティングを行っております。会社経営を中心とした「人生の成功」を1200年前の智慧とともに目指しています。

◆マンダラビジネス手帳の販売

「中心核を持つ3×3の9マス(=MY法マンダラチャート)」を使った週間行動計画が特長の手帳です。

企業指導のツールとして開発されましたが、現在ではビジネスパーソン・女性にも幅広く愛用される、20年のロングセラー。

◆経営コンサルタント

“経営はシステム”であり全体と部分を把握することが不可欠という考え方から構成されている「MY法経営計画」を活用します。「経営計画発表会」の開催を基本とし、企業の利益体質を確立するために個別の丁寧な経営指導が特長。

◆経営セミナー

“人生とビジネスを豊かにする8つの原則”を基本に24年継続開催されている、月1回、年間10回のシリーズセミナーで、根強い支持を受けています。

◆ MY法合宿セミナー

「経営計画書」を構築する2泊3日のセミナーです。経営計画発表会開催の支援、実践に企業導入指導を含めた効率的なセミナーとして、定期受講される方が多く、20年継続されているセミナーです。

◆インドセミナー

“ブッダの智慧を経営に活かすセミナー”として24年間継続されています。インドの諸所で計7回のセミナーが開催されます。リピーターが多い人気のセミナーです。

お問い合わせはメール、電話、FAXで！

株式会社クローバ経営研究所
〒105-0001 東京都港区虎ノ門3-10-4-213
TEL/03-5472-4545 FAX/03-5472-4344
メール/info@myhou.co.jp
ホームページ/http://www.myhou.co.jp

〈著者プロフィール〉

松村寧雄（まつむら・やすお）

1939年、東京・上野生まれ。早稲田大学法学部を卒業後、日本オリベッティに入社。1979年に経営コンサルタントとして独立し、株式会社クローバ経営研究所を設立する。

同年、「中心核を持つ3×3の9マス」のマトリックスを「MYマンダラチャート」として開発。この思考法は、トヨタ、ソニー、キヤノンなどの日本企業が成功した秘訣を解き明かしたアメリカの書籍『Created in Japan』の中で「日本の新しい発想法」として紹介されている。

「MYマンダラチャート」を応用して開発された「マンダラビジネス手帳」は20年のロングセラー商品となり、「人生とビジネスを豊かにする8つの原則」を説いたセミナーは経営者やビジネスパーソンに根強い支持を集めている。

上野をこよなく愛し、ひらめきやアイデアの多くは不忍池を散歩中に生まれたという。

主な著書に『新経営戦略「MY法」の奇跡』（講談社）、『経営を活かす曼荼羅の智慧—ビジネス活性化の本質』（ソーテック社）などがある。

ホームページ　http://www.myhou.co.jp

マンダラ思考で夢は必ずかなう！

2006年10月19日　　初版発行

著　者　松村 寧雄

発行者　太田 宏

発行所　フォレスト出版株式会社

〒162-0824 東京都新宿区揚場町2－18　白宝ビル5F

電話　03-5229-5750

振替　00110-1-583004

URL　http://www.forestpub.co.jp

印刷・製本　萩原印刷株式会社

ISBN4-89451-241-6　Printed in Japan